イラストでまるわかり！

入社1年目
ビジネスマナー
の教科書

マナー講師
金森たかこ 著

マナーコンサルタント
西出ひろ子 監修

プレジデント社

ビジネスマナーは、すべての仕事の基本です。

> 目礼、会釈、普通礼、丁寧礼、拝礼
> **5つのお辞儀、どう使い分ける?**

> 言葉選び、間違えがちなマナー
> ✕ お世話様です
> 〇 お世話になっております
> ✕ はい、大丈夫です
> 〇 はい、かしこまりました

正しいビジネスマナーを身につけるために

　本書には、一般的なビジネスマナーはもちろん、話し方やメイク、ファッション、冠婚葬祭の基礎知識など、マナーを身につけるうえで必要な情報が、幅広く網羅されています。
　マナーとは、周囲の人々への思いやりの心です。
　なかなか伝わらないあなたの想いを、耳から聞こえる言葉として、目で見える行動として、相手の心に届けることです。
　相手は今、何を望んでいるのか?

挨拶の仕方、正しい敬語の使い方、名刺交換、電話の応対、メールの書き方などビジネスマナーの基本を身につけることで、まわりの人とのコミュニケーションが円滑になります。入社1年目からベテランまで、ビジネスでいちばん使うことの多いマナーの基本をイラストや図表とともに、わかりやすくまとめました。

ビジネスメールでトラブルを起こさないために
HTML形式ではなく、テキスト形式で！
送信前に必ず読み返す

亡くなって時間が経ってから、訃報を受けたら？
自筆の「お悔やみ状」とともにすぐに香典を送る

相手は今、どうしてほしいと思っているのか？
　マナーを身につけようとすることで、それらが自然とわかってきます。相手の立場に立って考え、行動できる人間になるのです。
　マナーにおいて「型」はもちろん大切ですが、本当に大切なのは込められた「心」です。「なぜ」を意識しながら本書を読むことで、相手の心の奥底まで届く「本物のマナー」を身につけてください。

金森たかこ

CONTENTS

第1章 社会人に求められる「身だしなみ」の基本 ··· 007
- 01 身だしなみの心がまえ ··· 008
- 02 男性の身だしなみ【スーツ・ヘアスタイル】 ··· 010
- 03 男性の身だしなみ【カジュアル】 ··· 014
- 04 男性の身だしなみ【カバン】 ··· 020
- 05 女性の身だしなみ【スーツ】 ··· 023
- 06 女性の身だしなみ【靴】 ··· 025
- 07 女性の身だしなみ【メイク】 ··· 027

第2章 社会人に求められる「コミュニケーション」の基本 ··· 033
- 08 コミュニケーションの心がまえ ··· 034
- 09 言葉以外のコミュニケーション ··· 036
- 10 挨拶と返事のマナー ··· 038
- 11 お辞儀のマナー ··· 042
- 12 自己紹介のマナー ··· 046

第3章 社会人に求められる「話し方・聞き方」の基本 ··· 051
- 13 話し方の心がまえ ··· 052
- 14 話し方の基本 ··· 055
- 15 言葉選びのマナー ··· 059
- 16 意見が対立したときの話し方 ··· 063
- 17 聞き方の基本 ··· 065

第4章 社会人に求められる「電話応対」の基本 ··· 071
- 18 電話応対の基本【かけるとき】 ··· 072
- 19 電話応対の基本【受けるとき】 ··· 076
- 20 電話伝言メモの残し方 ··· 080
- 21 携帯電話、スマートフォンのマナー ··· 082
- 22 クレーム電話の応対 ··· 089

第5章 社会人に求められる「敬語」の基本 ……… 093
- 23 敬語の基本 ……… 094
- 24 間違えやすい敬語 ……… 100

第6章 社会人に求められる「指示・報告・連絡・相談」の基本 ……… 107
- 25 指示の受け方の基本 ……… 108
- 26 ワンランク上の指示の受け方 ……… 111
- 27 報告のマナー ……… 116
- 28 連絡の仕方 ……… 119
- 29 相談のマナー ……… 121

第7章 社会人に求められる「来客応対」の基本 ……… 123
- 30 受付でのマナー ……… 124
- 31 ご案内のマナー ……… 128
- 32 応接室、会議室での席次のマナー ……… 131
- 33 席次のマナー【乗り物】 ……… 138

第8章 社会人に求められる「他社訪問」の基本 ……… 141
- 34 訪問前の準備 ……… 142
- 35 訪問先に到着してからの準備 ……… 146
- 36 面談のマナー ……… 149
- 37 名刺交換のマナー ……… 151

第9章 社会人に求められる「ビジネス文書」の基本 ……… 157
- 38 ビジネス文書とは ……… 158
- 39 ビジネス文書の書き方 ……… 161
- 40 頭語・結語・時候の挨拶・前文の挨拶・末文の挨拶 ……… 166
- 41 社内文書の基本 ……… 171
- 42 社外文書の基本 ……… 174
- 43 封筒・葉書の宛名書き ……… 181
- 44 招待状・案内状への返事 ……… 186
- 45 「一筆箋」の使い方 ……… 189

第10章 社会人に求められる「ビジネスメール」の基本 …… 191

- 46 メールの特徴 …… 192
- 47 メールの基本的な書き方 …… 194
- 48 返信・転送・添付 …… 199
- 49 メールを送るときに注意すること …… 205

第11章 社会人に求められる「会食」の基本 …… 211

- 50 予約・告知・入店のマナー …… 212
- 51 注文・会計・お見送りのマナー …… 216
- 52 洋食のマナー …… 219
- 53 食事中に困ったときは …… 225
- 54 和食のマナー …… 229

第12章 社会人に求められる「葬儀」の基本 …… 237

- 55 葬儀の基礎知識 …… 238
- 56 訃報を受けたら …… 242
- 57 葬儀当日の身だしなみ …… 247
- 58 葬儀会場での振る舞い …… 251
- 59 葬儀で困ったときは …… 258

第13章 社会人に求められる「結婚式」「お見舞い」の基本 …… 261

- 60 結婚式の招待状を受け取ったら …… 262
- 61 ご祝儀の金額・ご祝儀袋の包み方 …… 264
- 62 披露宴の身だしなみ …… 268
- 63 結婚式で困ったときは …… 271
- 64 病気やケガ、災害時のお見舞いのマナー …… 274

第 **1** 章

社会人に求められる「身だしなみ」の基本

01 身だしなみの心がまえ

いつでも「他人にどう見られているか?」を考える

> **チェックポイント**
> ❶ 「身支度仕事半分」という言葉もあるほど、とても大切
> ❷ 「清潔感」「機能性」「上品さ」を意識する
> ❸ 服装やヘアスタイルは「相手中心」で

服装を整えたら、その日の仕事の半分は終わり?

　ある一流企業の創始者が、毎朝出勤してくる自社の社員を、入り口前で毎朝、じっくりと見ていたというエピソードがあります。

　いったい何を見ていたかというと、それは社員の身だしなみ。服装に乱れのない社員は、「身支度仕事半分」と評価したそうです。身だしなみをきちんと整えていればそれだけで、1日の仕事の半分は終わったようなもの、といった意味です。身だしなみは、それほど社会人にとって大切なものなのです。

▶身だしなみで大切な3つのポイント

● **清潔感**
　お互いに気持ちよく仕事をするためには、相手に不快感を与えないことがポイント。手入れの行き届いた服装や髪型など、「清潔感」が大切です。

● **機能性**
　ビジネスシーンにおいては、仕事の妨げにならないような、「機能性」のある働きやすい身だしなみを心がけることが重要です。

● **上品さ**
　「上品さ」は、誰からも受け入れられる、大切な要素です。上品な身だしなみは、信頼できる人、きちんとした人、そして余裕のある人という印象を与えます。

▶ 常に「相手中心」の目線を持つ

　ファッションに関心がある人は、服装やヘアスタイルにも、自分なりのこだわりを持っているかもしれません。しかし、ビジネスシーンで、単に自分の好みだけで服装を選ぼうとするのは、「自分中心」な人であると思われ、マイナスイメージを持たれてしまう恐れがあります。
　社会人としての身だしなみのポイントは、お客様や取引先の方など、相手がどう感じるかを意識すること。つまり、「相手中心」で考えることにあります。
　この「相手中心」という考え方は、マナー全般において、とても大切です。

▶「自分は会社の顔である」という意識を持つ

　社外の人はあなたを通じて、あなたの会社を見ています。あなたの身だしなみが整っていれば、勤務先のイメージも好印象でとらえてもらえるかもしれません。
　仕事には「人や物にお仕えする」という意味があります。社会人として仕事をするということは、組織に属し、給料をもらう立場にあるということ。自分の印象が、そのまま自分が所属する組織のイメージにつながっていくことを忘れず、常に「自分は会社の顔である」という意識を持って、身だしなみを整えることが必要です。

▶ マナーは仕事をするための大きな武器

　社会人になると、会社に利益をもたらすことが求められます。そのためには、常に「相手中心」で考え行動するという意識が大切。相手というのは、自分以外の人すべてが対象となります。このように、「相手中心」、つまり「相手の立場に立って考え行動する」ということこそが、マナーの心なのです。

　マナーを持って接するためには、相手の気持ちを想像しなければなりません。自分がしたいと思うことより、相手がしてほしいと思うことは何かを考え、それを行動に移します。言葉遣いも立ち居振る舞いも、同様です。あなたの意識を相手に向けることで、相手の気分がよくなり、自分を快適にしてくれたあなたに対して、好感を持ってくれます。それが、その後に続く仕事に、大きくプラスとなります。とりわけ、服装や髪型など身だしなみを整えることは、あなたが一人前の社会人として活躍するための大きな武器となるのです。

02 男性の身だしなみ【スーツ・ヘアスタイル】

スーツの着こなし方次第で周囲の評価は大違い！

> **チェックポイント**
> ① ヘアスタイルとひげは、清潔な状態を保つ
> ② ワイシャツ、スーツ、ネクタイで好感度を高く
> ③ 名刺入れや財布など質の良いものを

特に「ワイシャツ」「スーツ」「ネクタイ」を意識

　社会人として求められる身だしなみは、業種や職種によって変わってくる部分もありますが、共通している部分も多々あります。少なくとも「清潔感」「機能性」「上品さ」の3拍子が揃っていれば、平均点を得られます。

　スーツを着る場面が多い職種では、特に「ワイシャツ」「スーツ」「ネクタイ」の3点セットを意識して好印象を得ましょう。

▶身だしなみの乱れに注意したいポイント

● **ヘアスタイル**

　理髪店や美容院で定期的にカット。毎日の整髪も怠らない。寝グセがついていたら、霧吹きや蒸しタオルで出社前に直します。

● **ひげ**

　無精ひげは不潔の象徴。毎朝、必ず剃る習慣を。毛深い人は電気シェーバーを携帯し、お昼や夕刻に剃る配慮も必要です。

● **下着**

　生乾きの下着は、あなたが不快なだけでなく、周囲に臭いも発します。必ず毎日洗濯して、カラッと乾いているものを。

▶男性のスーツスタイルで気をつけるポイント

● ワイシャツ
基本的に清潔感のある白は、相手にいい印象を持たれます。ボタンダウンはカジュアルなので避けるのが無難です。

● スーツ
体形に合ったスーツ選びを。色はダークな紺か黒が無難。

● ベルト
靴と同色でオーソドックスなものを。

● 靴とカバン
靴とカバンは同色で。

● 名刺入れや財布
シンプルな革製品が、ビジネスシーンでは好感度大。

● ネクタイ
ゆるめはダメ。キチッと結ぶ。柄はストライプなどシンプルなものを。

● 靴下
靴とスーツと同系色を。

※上記のスーツスタイルは、あくまでも一例です。自身の勤務先の規定・規則に従うことが大切です。

第1章 社会人に求められる「身だしなみ」の基本

時計や名刺入れで、ハイスタンダードを演出

　一部の営業職やコンサルタントなど、職種や業種によって身だしなみに「高級感」まで求められることがあります。こうした場合は、時計や名刺入れをブランド品にすることで、ワンランク上の印象を与えられます。

　ただし、見え見えのブランド品は逆効果。「パッと見ただけではわからないが、見る人が見ればわかる」といった、さりげない品を身につけましょう。たとえば、有名ブランドのゴールドの時計は、露骨すぎるので避けましょう。

011

● ワイシャツ

- 白いワイシャツを着こなせる人が、最もオシャレ。
- 襟にボタンのある「ボタンダウン」は、カジュアルなレベルとなる。レギュラーカラーのものを着用。
- 上着を脱いだときに、ズボンからシャツの裾がはみ出ないように。
- 袖のシワや、首回り、手首の汚れに要注意！

● ネクタイ

- 最も大切なのは色。ネクタイを買うときに、お店の人の意見なども取り入れながら、自分に合った色や柄を見つける。
- スタンダードなストライプの柄は、清潔感とフレッシュな印象を与える。
- ストライプの幅によっては、似合わない場合もあるため、お店の人など専門家に相談する。

● スーツ

- 色は濃紺か濃いグレーが基本。
- 多くの人と接するビジネスシーンでは、シンプルな服装を心がける。ストライプより無地のほうが、好印象を与える。
- ズボンにはきちんとプレスを！

● ベルト

- ベルト部分は黒の革製、幅は3〜3.5センチのものを。バックルは飾り気のないシンプルなデザインのものを。
- 凝ったバックルはビジネスシーンにふさわしくない。オーソドックスなものを選ぶ。

● 靴とカバン

- カバンは「A4サイズの書類の入る革製の黒」が基本。
- 軽薄な印象を与える明るい茶色は、特に若手のときには控える。
- 多くの書類などを入れる可能性もあるため、底面のマチが広めのもの。また、しっかりと芯の入ったものを。椅子の上や床に置いたときにきれいに立つカバンは、できるビジネスパーソンの印象になる。
- 内部が仕切りで分かれているタイプは、持ち物を整理して収納できるため、必要な物がすぐに取り出せて便利。

● 靴下

- 黒い靴＋濃紺のスーツ＋濃紺か黒の靴下。
- 黒い靴＋グレーのスーツ＋グレーの靴下。
- 夏の「スケスケ靴下」はNG！
- くるぶし丈の靴下もNG。

● 時計

- ビジネスシーンでは携帯電話やスマートフォンを時計代わりにするのではなく、腕時計をする。
- ひと目でブランド品だとわかるものは、仕事中はふさわしくないので避ける。

● 名刺入れや財布

- 名刺入れは中が2段に分かれている革製品を持つ。
- ブランド品は控えるほうが無難。上司や先輩、取引相手よりも高級なブランド品は持たないこと。

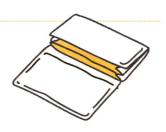

03 男性の身だしなみ【カジュアル】

スーツが必須ではない職場での服選びは…

> **チェックポイント**
> ① 職種や季節によっては、ラフな格好もOK
> ② ただし、プライベートと同一視はできない
> ③ ジャケットを着るだけで、印象を変えられる

カジュアルが許される場面でも、職場は職場

　最近は「クールビズ」や「ウォームビズ」といった言葉が一般的となり、カジュアルな服装が許される職場も増えてきました。
　とはいえ、あくまでも仕事中の服装です。プライベートと完全に同一視はできません。職種や職場の雰囲気によっても、どこまでラフな服装が許されるかは変わってきます。お客様をはじめ、社外の人と出会う頻度によっては、フォーマルな要素を残した「ビジネスカジュアル」にとどめたほうが無難です。

▶「ビジネスカジュアル」と「カジュアル」の違い

● **ビジネスカジュアル**

　シャツはボタンダウンなどでもOK。ネクタイはしめなくてもよいが、ジャケットは必要。ズボンはジーンズではなくチノパンなどを。靴はスニーカーではなく革靴で、ベルトと靴の色を同色に。

● **カジュアル**

　Tシャツにジーンズ、靴はスニーカーでもよい。ただし、クライアントとの打ち合わせや急な来客用に、ロッカーにはジャケットと革靴を用意しておくとよい。

▶ 男性のビジネスカジュアル

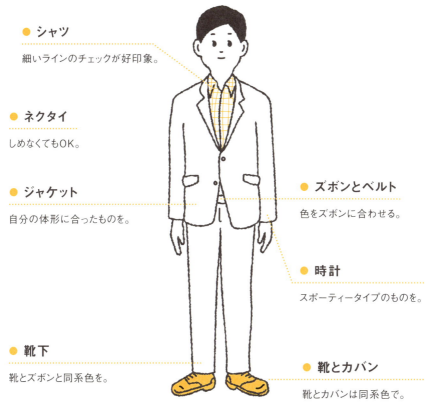

- **シャツ**
  細いラインのチェックが好印象。

- **ネクタイ**
  しめなくてもOK。

- **ジャケット**
  自分の体形に合ったものを。

- **ズボンとベルト**
  色をズボンに合わせる。

- **時計**
  スポーティータイプのものを。

- **靴下**
  靴とズボンと同系色を。

- **靴とカバン**
  靴とカバンは同系色で。

※上記のビジネスカジュアルのスタイルは、あくまでも一例です。
　自身の勤務先の規定・規則に従うことが大切です。

- **シャツ**

・ボタンダウンもOK。生成りや薄いブルー、薄いグリーンなど、目に優しい色で。
・ラインは茶系×ボルドー×からし色など。
・上着を脱いだときに、ズボンからシャツが出ていないように。
・袖のシワや、首回り、手首の汚れに要注意！
・首元の前ボタンは、ひとつあける程度に。

● ネクタイ

- しめるかしめないかは、服全体のバランスで考える。
- ネクタイをしめる場合は、カジュアルなデザインと素材のものを、キチッと結ぶ。中途半端にゆるめるのは厳禁！

● ジャケット

- 色は濃紺やベージュ系。スタンダードな印象を与える。
- 選ぶときのポイントは肩。肩がしっかりと馴染むデザインを選ぶと、体にフィットする。
- ポケットのデザインなどに、ちょっとした遊び心があってもOK。大人としての余裕を演出できる。

● ズボンとベルト

- ズボンがベージュ系や茶系なら、ベルトも茶系のものを選ぶ。
- ベルトの色が濃いめだと、しまった印象が出る。太めの人は「濃いめの茶系」で統一してもいい。

● 靴とカバン

- カジュアルな服装だと、靴下が「少し厚めのコットン素材」になりがち。スーツのときより、少し大きめの靴を選ぶ。
- スーツ姿のときより自由度が高まるため、カバンは布製でもOK。

● 靴下

- 柄があっても大丈夫ですが、夏の「スケスケ靴下」だけはNG！

● 時計、名刺入れ、財布

- ブランド品であってもさりげないデザインのものを選ぶ。
- 時計は時間がすぐわかるものを。
- 財布はレシートなどでパンパンにせず、常にきれいな状態に。

▶ 男性のカジュアル

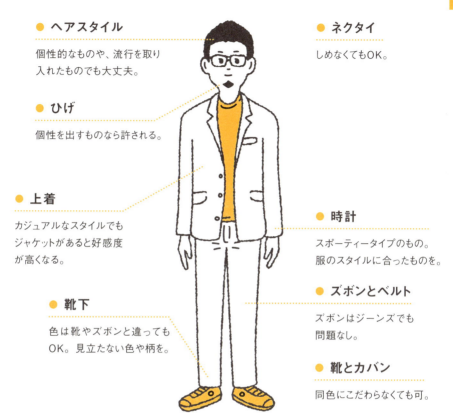

● ヘアスタイル
個性的なものや、流行を取り入れたものでも大丈夫。

● ひげ
個性を出すものなら許される。

● 上着
カジュアルなスタイルでもジャケットがあると好感度が高くなる。

● 靴下
色は靴やズボンと違ってもOK。見立たない色や柄を。

● ネクタイ
しめなくてもOK。

● 時計
スポーティータイプのもの。服のスタイルに合ったものを。

● ズボンとベルト
ズボンはジーンズでも問題なし。

● 靴とカバン
同色にこだわらなくても可。

※上記のカジュアルのスタイルは、あくまでも一例です。自身の勤務先の規定・規則に従うことが大切です。

● ヘアスタイル

・個性的なものや、流行を取り入れたものでもOKだが、だらしなく見えてしまわないよう、キレイに散髪しておく。フケやニオイに注意。

第1章 社会人に求められる「身だしなみ」の基本

● ひげ

- 10〜13ページのスーツ姿と違って、厳禁というわけではない。とはいえ、多くの人に会う職業だと、絶対に受け入れてもらえない場面も出てくるので、清潔感のあるスタイルに。

● シャツ

- 服装の自由度が高いため、コットンシャツ、ボタンダウンなども大丈夫。
- ただし、TPOはわきまえる。お堅い取引先に向かうときなどのために、ジャケットをロッカーに用意しておく。

● 上着

- 冬場に防寒着のため、オフィスの中でラフな上着を着るのはOK。
- 他社を訪問するときのために、ジャケットをロッカーに入れておく。カジュアルな上着からジャケットに替えるだけで、見た目の印象が別物になる。
- カジュアルな上着、ジャケットのいずれでも、たとえば煙草の臭いがしみついていないかなど、清潔感を要チェック。

● ネクタイ

- しめる場合はボウタイなど、オシャレ感があるものまで受け入れられる。

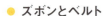

● ズボンとベルト

- ジーンズに茶系のベルトを合わせたスタイルなら、相手に柔らかい印象を与え、周囲とのコミュニケーションが取りやすくなるという効果も。

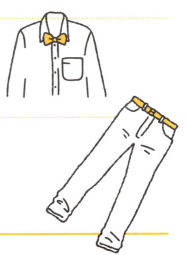

● 靴下

- 職場の方針で服装に統一感を持たせている場合を除き、自由に靴下を選べる。
- 靴やズボンと別の色でも大丈夫。ただし、相性のよい色を選ぶ。

● 靴とカバン

- 全体をカジュアルでまとめる場合は、靴は先のとがった革靴よりも、スニーカーを履いているほうが好感度アップ。汚れは厳禁。
- カバンはカジュアルな布製でも問題ない。業種や職種によっては、手提げやリュックサックまで許容範囲。

● 時計

- 見てすぐ時間がわかるものがよい。

● 名刺入れや財布

- くたくたになったものは使わない。
- 財布はレシートなどでパンパンにしない。

作業着やユニフォームを身につけるときは…

　職種によっては会社から、作業着やユニフォームが支給されます。自分で管理する場合は、きちんと洗濯してアイロンをかけましょう。きれいなユニフォームを身につければ、自然と気持ちが引き締まります。

　作業中はもちろん仕事が優先。職種によっては安全第一。ユニフォームが汚れることよりも、ケガをしないことを重視してください。

　ルーズな着方はケガのもと。ボタン、ファスナー、ベルトなど、しめるべき箇所はきちんとしめておきます。

　靴は会社から支給されたものがあれば、そちらを履いてください。自分で選ぶのであれば、安全で作業がしやすい靴を選びましょう。

04 男性の身だしなみ【カバン】

定番品も便利グッズも、無理なく持ち運ぼう！

> **チェックポイント**
> ① A4サイズの書類が入る大きさを
> ② 色は黒、素材は革製が定番
> ③ 常に「万が一」に備えた準備を

「Ａ４サイズが入る黒」を基本として考える

　ビジネスシーンにおいては、「Ａ４サイズの書類が入る大きめのカバン」が定番です。仕事で使う書類を、折らずに持ち運べるからです。中に仕切りがあって、底面にはマチがたっぷりあるタイプがベスト。

　色は靴と合わせて選びますが、ビジネスシューズは黒が多いため、カバンも黒が無難です。素材はナイロン製でも問題ありませんが、やや軽めの印象を与えてしまいます。革製のほうがきっちりとした印象になります。

▶ポーチを活用して、中身を整理

● **ポーチの役割**
仕切りがあっても、カバンの中はゴチャゴチャしがち。そこでポーチを用意して、中の物を小分けにして整理しましょう。

● **複数を用意**
タオル・ウェットティッシュ用や、カメラなど傷つけないようにするものなど、用途に合わせて複数を用意すると便利です。

● **色は抑えめ**
カバンの中でも見やすい色にすると、取り出す際に便利。ただし、派手すぎる原色などは控えます。

▶ビジネスカバンの中身

名刺	手帳	筆記用具	携帯電話
ハンカチ3枚（後述）	懐紙	絆創膏	携帯用ヘアブラシ
ケースに入れたティッシュペーパー	財布	クレジットカード	身分証明証
エコバッグ			デジカメ
マイ箸			常備薬

　男性でも唇や肌の乾燥や荒れが気になる人は、リップクリームとハンドクリームを携帯しておくといいでしょう。

▶カバンにあると、困ったときに役立つもの

● ハンカチは他人のためにも3枚

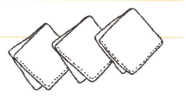

　仕事中に起こる不測の事態に備えて、常備しておくとよいものがあります。
　たとえば、ハンカチは「大判のもの」「実用的なタオル地のもの」「人様のための新品」の3枚を用意することをオススメしています。
　「人様のための新品」のハンカチは、お客様が服を汚してしまったときなど、自分以外の人が必要としているときに、サッとお渡しするとスマートです。

●「染み抜きセット」や「ソーイングセット」も

　特にお客様と社外で接する機会の多い営業職などでは、簡単に服を着替えることができません。「染み抜きセット」「ソーイングセット」「シワ取りスプレー」「靴磨きセット（携帯用）」「静電気防止スプレー」なども、ポーチにまとめておくといいでしょう。あらかじめこのようなセットを常備しておくことで、スーツを汚したり、ボタンが取れてしまったときにその場で応急処置を行うことができます。

　このように「万が一の事態」まで想定し、対策を考えておくことも、身だしなみには含まれます。

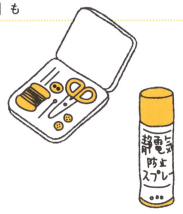

● あると意外に便利な安全ピン

　外出中、ズボンの裾がほつれてしまった……こんなときは、安全ピンがあるととても便利です。ほつれた裾部分を裏から安全ピンで留める。それだけで、相手も自分も不快な思いから解放されます。

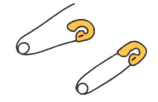

▶ 服が汚れてしまったときの応急処置

● コーヒー・しょうゆ

　水で濡らしたタオルを固くしぼり、生地の裏に乾いたタオルを当てて、シミを叩いて吸い取ります。その後、中性洗剤溶液を染み込ませた布で、もう一度叩いてシミを抜きます。

● 口紅

　ティッシュなどでつまみ取ってから、ティッシュに石けんをこすりつけて拭きます。

● 泥はね

　完全に乾燥させてから、固めのブラシで生地目に沿って、こすり落とします。

● マヨネーズ・油

　最初にティッシュなどでつまみ取る。次に揮発油で取り、最後にアンモニア水か中性洗剤溶液で拭く。

05 女性の身だしなみ【スーツ】

豊富な選択肢を活かして、自分に合った着こなしを

第1章 社会人に求められる「身だしなみ」の基本

チェックポイント

① スカートかパンツかで、スーツも変わる
② シャツは白が基本だが、薄い色つきも可
③ 男性よりも、仕事着の選択肢が増える

自由度の高さを味方につけよう！

　女性は男性よりも、職場での身だしなみの選択肢が増えてきます。たとえば、ネックレスやピアスなどのアクセサリー類を身につけることができます。また、一口にスーツといっても、スカートスーツとパンツスーツといったバリエーションがあり、デザインも豊富です。

　一方で、このように選択肢が多いゆえに、「どれを選んだらいいんだろう……」と、迷ってしまうこともあります。しかし、見方を変えれば選択肢が多い分、ビジネスシーンであるという基本を押さえた上で、あなたに合うスタイルを表現することができます。周囲の人に好印象を与え、かつ、自分に合う着こなし術を身につけましょう。

▶「スカート」か「パンツ」かで、ジャケットを替える

● **ジャケット選び**
　スーツに代表されるトップスは、ボトムスがスカートかパンツかによって、長さを変えるとよいでしょう。

● **パンツのとき**
　やや長めのジャケットのほうが、お尻のラインがかくれて安心です。

● **スカートのとき**
　パンツのときよりもジャケットの丈を短めにしたほうが、すっきりとしてスマートに見えます。

▶ 女性のスーツスタイル

● シャツ

基本は白無地

- 特に新人の場合は、白系統が無難。白にも真っ白と生成りがあるので、どちらが自分に似合うか、チェック。
- ある程度キャリアを重ねていけば、ペール系のピンクやイエロー、ブルーなどもOK。
- バストやヒップが豊かな人は、ゆとりのあるシャツを選ぶ。ボディーラインを目立たせないように。
- シャツの代わりに、シワになりにくいカットソーをインナーにしてもOK。派手な柄のTシャツは避ける。

● スーツ

黒、紺、ベージュが基本

- ベーシックな色と形のスーツは、ほかのパンツやスカートとも組み合わせやすく、着回しがきくので重宝。
- すっきりと着こなすためには、体形に合ったサイズの服を選ぶことがポイント。肩やバスト、ウエスト、ヒップに、たるみやシワができていないかをしっかりと確認。
- 大きすぎてダブついていたり、小さすぎてピチピチの洋服はNGです。裾や袖の長さにも要注意。
- 特にスカート丈は、「座ったときに膝が隠れる長さ」を基準に選ぶこと、スリットも深く入りすぎていないか確認。

● コート

冬用と春秋用、可能であれば最低2着は用意

- 冬用、春用、秋用と、各1着ずつ持っていると便利だが、春と秋は兼用にしてもよい。
- 色は黒か茶が基本。春用はベージュなど薄い色を選ぶと、季節感を演出できる。
- 冬用のコートは脚が冷えないように、長めのものがオススメ。長めのコートは、インナーやボトムスとの丈の相性も気にしないで済む。
- ベルトつきコートの場合、ベルトが上のほうについていると、スタイルがよく見える。

06 女性の身だしなみ【靴】

身だしなみは足元から！ 自分に合った靴を

第1章 社会人に求められる「身だしなみ」の基本

> **チェックポイント**
> 1. 足に合っていない靴は、健康まで害する
> 2. 選ぶ際はかかと、つま先、幅をチェック
> 3. ヒール高3〜5センチのパンプスが定番

デザイン性に加えて、歩きやすさも大切

　身だしなみは足元から。いくら服装を整えても、靴選びを間違ってしまったら、周囲からの評価は得られません。

　また、デザイン性だけで靴を選んでしまうと、靴擦れや外反母趾などになる可能性もあります。ビジネスシーンでの靴選びは「歩きやすさ」まで意識しましょう。

　かかと、つま先、幅。さらには履き口や土踏まずとのフィット感を確かめることで、自分に合っているかどうかがわかります。

▶疲れにくく履きやすい靴選びのポイント

● **かかと**
かかとのカーブが自分の足の形に合っているかをチェックします。少し歩いてみて、かかとに痛みがないか確認しましょう。

● **つま先**
指の先までぴったりすぎると、歩くときに窮屈。履き口に隙間があったり、食い込むようなら違うサイズを試しましょう。

● **幅**
親指と小指のつけ根あたりのフィット感を確かめて。痛ければ違うサイズを。土踏まずが合わなければ、中敷きを入れるなどして対応します。

025

▶ ヒールの高さは3〜5センチのプレーンパンプス

ビジネススーツと組み合わせるなら、黒のプレーンパンプスが基本です。
ヒールの高さは疲れにくい3〜5センチがベスト。また、ヒールは太めのほうが安定感があります。高いヒールは足がきれいに見えますが、足腰への負担が大きくなります。バランスを崩す危険もあり、ビジネスシーンでは不向きです。
パンツスーツと組み合わせる場合のヒール高は、1.5センチ以下のフラットパンプスでもいいでしょう。

▶ 生足厳禁。基本はナチュラルカラーのストッキング

ビジネスシーンにおいては、パンプスを履くときは必ず、ストッキングと組み合わせます。
ナチュラルカラーの薄手のストッキングが基本ですが、冬場の通勤時は、防寒用に黒いタイツをはいても問題ありません。ただし、会社の規則を確認し、それに従います。この場合、靴の色も黒で統一させます。パンプスは汚れやキズがついていないか、履く前日にチェックします。かかとなどがすり減ってきたら、すぐに修理に。

▶ キャリアを重ねたら、飾りつきでもOK

パンプスにはほかにも、つま先の開いたオープントーパンプスや、サイド部分が大きく開いたセパレートパンプスなどがあります。飾りつきのものもあります。ビジネスパーソンとしてキャリアを重ね、周囲から一目置かれる存在になったら、身につけてもいい職場もあります。自社の規則を確認しましょう。オープントーパンプスを履くときは、つま先に縫い目のないストッキングを選びます。パーティー用のパンプスには、夜であればラインストーンやラメ入りのストッキングを合わせると華やかです。

▶ 靴を長持ちさせるコツ

● 保管方法

・履いた靴は陰干しにして、湿気を取り、シューキーパーを入れる。
・低温で風通しがよい場所に保管。玄関の靴箱には乾燥剤を入れておくとよい。

● お手入れ方法／革靴の場合

・ブラシでほこりを落とす。
・柔らかい布に適量のクリーナーを取り、拭きながら汚れを落とす。
・クリームを塗って、ツヤを出し、防水スプレーをかける。

● お手入れ方法／スエード靴の場合

・スエード用のブラシでほこりを落とす。
・柔らかい布に液状のローションを取り、汚れを拭き取る。
・スプレー状のカラーを吹きつけ、ブラシで整える。

07 女性の身だしなみ【メイク】

ナチュラルメイクで自分を引き立てる！

チェックポイント

1. 理想のメイクのためには「素肌」を守る
2. ナチュラルメイクが基本。派手めはNG
3. それぞれのメイク道具の役割を知る

「魅力的な笑顔」を引き出すメイク術

　働く女性にとって、メイクは大切な身だしなみ。

　メイクのノリは「美しい素肌」が鍵を握ります。仕事で疲れて化粧を落とさずに寝てしまった……というようなことがないように。

　日頃から美しい素肌を守るためにも、化粧水はたっぷりとつけましょう。睡眠中などに乾燥しないように、保湿もしっかりと行います。

　職場でのメイクは、ナチュラルメイクが基本です。

▶ ベースメイクのポイント

化粧水をたっぷりと。必要に応じてクリームも。
下地ファンデーションは、日焼け止めの成分も入っているものを。
ファンデーションは、自分の肌の色と合ったものを、内側から外側に向かって塗り伸ばす。頬や額など崩れにくい部分は厚めに、目元や口元、鼻など崩れやすいところは薄く。
ファンデーションの上から、フェイスパウダーで押さえる。

▶ パーツごとのメイクの基本

● 眉

- 左右対称に描くことを心がける。
- 眉頭は目頭より2〜5ミリ内側に。
- 眉尻は下まぶたの曲線の延長線上に。眉頭より1センチほど高い位置になる。

● 目元

- アイシャドーを指でつけると、アイホール全体にうまくぼかせる。
- 色は肌浮きせず、ナチュラルに仕上がるベージュ系などが無難。
- 薄いピンクなど白みがかった色をつけると、元気よく溌剌とした印象をつくることもできる。TPOに応じて使い分ける。

● 口元

- 乾燥しないように、リップクリームで保湿する。
- 最近はグロスだけという人も増えているが、きちんと口紅を塗ったほうが、色落ちが防げて健康的なイメージを保てる。
- 色味のついた基本色に、ベージュ系や茶系を混ぜることによって、自然な仕上がりになる。

 休日はお肌にも、たっぷりの休息を

　特に誰とも会う予定がないときは、ファンデーションは塗らずに、お肌を休ませてあげましょう。
　近くに外出するだけなら、日焼けどめクリーム＋フェイスパウダーのみで充分。眉を描き、薄めのリップを塗ってナチュラルに仕上げて肌をいたわりましょう。洗顔の際は、肌についた汚れをしっかりと落として、化粧水をたっぷりとつけて保湿を。

● コンシーラー

- 基本的には、目の下のクマや、シミを隠すために使う。
- 目尻や口元のくすみ、小鼻の脇の赤みなど、色むらが気になる細かい部分にも使える。

● チーク

- 頬骨の高い位置から耳の上のつけ根まで、チークブラシを2往復するのが基本だが、自分に合う方法で。
- 若々しさやかわいらしさを出したい場合は、頬骨の上に丸く色をのせるだけでもOK。

● アイライナー

- リキッドタイプよりもペンシルタイプが、自然でやわらかい仕上がりになる。
- 最近では中間のジェルタイプもあり、美しく仕上がるのでオススメ。
- ラインが歪んでしまったら、綿棒で拭き取り、最初からやり直す。

▶ 清潔感のあるヘアスタイル&ヘアケア

　女性のヘアスタイルは十人十色。長さはベリーショートからボブ、ロングまであります。パーマやカラーリングを含めれば、バリエーションは無限です。

　ただし、どんなヘアスタイルや髪形でも、忘れてはいけないことがあります。それは「清潔感」です。

　フケが肩に落ちたり、髪の毛がパサついたりしないよう日頃からこまめにお手入れをして、髪に栄養が行き渡るようバランスのよい食事を心がけましょう。

　ビジネスシーンにおいては、お辞儀をしたときに髪の毛が顔にかからないよう、耳を出してすっきりとまとめること。

▶ タイプ別ヘアスタイルのポイント

● ショート

- スッキリとしたヘアスタイルなので、ビジネスシーンでは最適。
- 髪の毛が少し伸びただけでヘアスタイルが崩れてしまう。1カ月に1度のカットが理想。
- 寝ぐせがつきやすいので、夜はしっかりと乾かす。出かける前の仕上げには、スタイリング剤を使用。

● ボブ

- アクティブなイメージのボブカットですが、スタイル次第でキュートにも大人っぽくも変身できるのが魅力。
- ハネやすいので、朝のヘアセットは必須。お辞儀をしたときに、サイドの髪の毛が顔に触れないようにまとめる。

● セミロング

- 最もバランスのとりやすい長さ。アレンジもしやすく、パーマをかけたりカーラーでゆるく巻いたりと、いろいろ楽しめる。
- 仕事中はゴムなどで、スッキリとまとめる。

● ロング

- 女性らしい印象を与えられるが、髪の傷みも目立ちやすい。髪にツヤを出すためにも日ごろから入念なお手入れが大切。
- 髪が傷まないようにドライヤーの前には、洗い流さないタイプのトリートメント剤をつける。
- 仕事中はゴムなどで、スッキリとまとめる。

 カラーリングは「肌色との相性」を重視

　ヘアカラーリングをNGとしている会社もありますが、最近は範囲を決めて許容する会社も増えてきました。カラーリングがOKであっても勤務先のルールに従い、職場にふさわしいヘアカラーを選びましょう。

　ヘアカラーを選ぶ際は、自分の肌の色と馴染みやすい「自分に似合う色」を。自分の肌と馴染む色が、あなたにとって相性のよい色です。

　一般的に、日本人の肌には、ブラウン系が合いやすいといわれています。一口にブラウンといっても、アッシュ系やオレンジ系、レッド系など多種多様です。お店のサンプルなどを参考に、自分に似合う色を見つけてください。

▶ネイルのお手入れやアクセサリー選びのポイント

● ネイル

- 指先、特に爪は相手から見てとても目につきやすいもの。パーツとしては小さいが、会話中などに目につく。手入れを怠らず、常にきれいに整えておく。
- 仕事の邪魔にならないよう、短めに整えておく。甘皮の処理も忘れずに。
- ネイルアートは避けるのが基本だが、会社が許可している場合は取り入れてもOK。
- マニキュアやジェルネイルは、透明感のある色使いのものを。
- ジェルネイルは、すぐに落とすことができない。色つきやラメの入ったものは、急なお悔やみなどに対応しづらいこともあり、避けたほうが無難。

● アクセサリー

- イヤリングやピアスは、電話応対のときに邪魔になる。仕事中はつけないか、控えめなデザインのものを。
- ネックレス類はビジネスシーンにふさわしく、上品で清潔感を感じさせるものを。チェーンが細めで控えめなデザインのものが、職場ではオススメ。
- 首が太くて短い人は、45〜50センチのゆったりとした長さのネックレスのほうが、首のラインがスッキリと見える。
- 首が細くて長い人は、短めのネックレスが似合う。短いネックレスを2本重ねづけしてもよい。

● 香水

- 仕事中の香水は基本的にはNGと心得る。特に強い香りは、オフィスで長時間共に仕事をしている職場の人にとっては大変な迷惑となる。お客様に接するときも同様。
- 仕事中に香りを楽しみたいときには「アロマオイル」がオススメ。周囲の人の迷惑にならない程度まで水で薄めて、机にひと振りして雑巾やティッシュなどで拭くと、ほのかな香りが楽しめる。
- オフィスの玄関先や化粧室なども、アロマオイルで軽い香りを漂わせると、快適に働ける環境がつくれる。

● ストール

- オフィスで働く女性にとって、ストールは使えるシーンの多いアイテムの1つ。
- 寒い季節はもちろん、夏にも大活躍。空調がききすぎているときは防寒用に、外に出るときは日よけとしても使える。ロッカーに1枚入れておくと重宝する。
- ストールのサイズや素材は多種多様。見た目だけで決めず、実際に羽織ってみてサイズや温かさ、肌触りなどを確かめて選ぶ。防寒重視かオシャレ重視かでも、選ぶ基準が変わってくる。
- 席を外すときや来客対応時にはまとわないこと。

第 2 章

社会人に求められる
「コミュニケーション」の基本

08 コミュニケーションの心がまえ

学生気分が抜けなければ、損をするだけ！

> **チェックポイント**
> 1. 学生のコミュニケーションとは根本的に違う
> 2. 多種多様な相手との接し方を身につける
> 3. コミュニケーションのポイントは大きく3つ

相手を理解した上で、自分を伝える

　今の時代はあらゆる職場で、コミュニケーション力は必須の能力といえます。充分なコミュニケーションができない人は、たとえ高い能力を持っていたとしても、なかなか評価されないものです。

　年齢、立場、考え方などが異なる相手にも、こちらの思いを正しく伝えることができなければ、本当のコミュニケーションとはいえません。

　同年代に囲まれていた学生時代のコミュニケーションと、多種多様な人と接する社会人のコミュニケーションは、根本的に異なります。

▶「学生」と「社会人」のコミュニケーションの違い

●学生
- 気の合う友達や仲間とのつき合いがほとんど。
- 「友達になること」がコミュニケーションの目的。
- 基本的に同年代とのつき合いが中心になるので、言葉や話題の選択にも困らない。相手の考え方を理解できなくても、「楽しく話せればOK」といった場面も少なくない。

●社会人
- コミュニケーションの目的は多種多様。
- こちらの情報を説明したり、何かを依頼したり、納得させる目的の場合もある。相手から情報を引き出すことが目的の場合もある。相手との関係性によって、異なる対応が求められる。
- 相手の求めていることを知る。

▶ コミュニケーションで大切な3つのこと

相手のことを知り、相手が理解できる言葉や表現で、
相手に伝わるように伝える。

言葉だけではなく、
相手が話しているときの全体の雰囲気にも注意を払う。

自分の「伝えたい言葉」と
「態度」を一致させる。

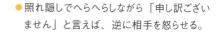

コミュニケーションは言葉だけではない！

▶ 何かに失敗したとき

● 真摯な顔で「申し訳ございません」と言えば、相手に誠意が伝わる。

● 照れ隠しでへらへらしながら「申し訳ございません」と言えば、逆に相手を怒らせる。

▶ 自社商品をプレゼンするとき

● 胸を張って「自信を持ってオススメします！」と言えば、信じてもらえる。

● 下を向いたまま「自信を持ってオススメします……」と言っても、信じてもらえない。

第2章 社会人に求められる「コミュニケーション」の基本

035

09 言葉以外のコミュニケーション

「態度」と「表情」の重要性を知る

> **チェックポイント**
> ① コミュニケーションの手段は言葉だけではない
> ② 言葉よりも態度のほうが影響力大
> ③ 態度と並んで表情も、相手の反応を左右する

2つの異なるコミュニケーション

　コミュニケーションにおいては言葉だけではなく、表情や態度、声のトーンや話し方も相手に大きな影響を与えます。

　言葉によるコミュニケーションは「バーバルコミュニケーション」と、それ以外のコミュニケーションは「ノンバーバルコミュニケーション」と呼ばれています。「バーバル」とは「言語」の意味です。

　2つのコミュニケーションの違いを理解すると、人間関係が大きく変わってきます。

▶ **2種類のコミュニケーション**

言葉によるコミュニケーション
● バーバルコミュニケーション
・敬語を使う。
・相手に合わせたわかりやすい言葉を使う。
・具体的に話す。
・手紙や社内文書など文字を通じたやり取り。

言葉以外のコミュニケーション
● ノンバーバルコミュニケーション
・表情、態度、姿勢、目の動き、ゼスチャー。
・声の大きさ、速さ、高低。
・髪形、服装、靴、アクセサリー。
・拍手をする、相手に触れる、握手をする。

▶ ノンバーバルコミュニケーションを活用するヒント

● 実は言葉よりも、態度のほうが影響力大

　自信のない顔で「大丈夫ですよ。問題ありません」と答えるように、言葉と態度が一致していない場面は、日常生活でも見受けられます。これはバーバルとノンバーバルが矛盾している状態です。

　人はこのようなとき、目から入る情報を、より重視する傾向があるといわれています。耳で聞く言葉よりも、目で視る態度を信じるわけです。言葉と行動の一致は信頼につながります。

● 笑顔は知性。人に安心感と信頼感を与える

　一般的には「いい表情」とは「笑顔」のことだと思われています。「笑顔は知性」という言葉があるほどです。笑顔は人に安心感と信頼感を与えて、相手の心をほぐすパワーを持っています。

　どんなときも笑顔を維持するためには、感情を上手にコントロールできるだけの精神力が求められます。それゆえに笑顔を絶やさない人からは、精神的な安定が感じられ、その人自身が好感を持って受け入れられます。

● あなたの「表情」が、相手の心を左右する

　ノンバーバルコミュニケーションの中でも、特に相手の印象を左右するのが、「表情」と「態度」といわれています。

　人は相手の印象を、出会って数秒で決めています。このためすぐに目から入る表情で、印象が大きく左右されます。

● 感情に寄り添った表情が、相手の心に響く

　しかしながら、本当に「いい表情」というのは、笑顔だけでしょうか？

　笑顔を絶やさない人でも、悲しい表情を浮かべる場面はあります。たとえば、同僚の親しい人が病に伏したり、お客様が過去の悲しい体験を語っているときなどは、顔から笑顔は消えています。このような場面では、相手の気持ちを理解して、その気持ちに合った表情でいることが大切なのです。

　いい表情とは社会生活を送っていく上で、自分はもちろん周りの人の感情にも寄り添える「豊かな表情」のことをいいます。

○「顔立ち」と「顔つき」の違い

　「顔立ち」と「顔つき」という言葉があります。顔立ちとは目鼻立ちのことであり、親からもらった顔のつくりです。一方、顔つきは顔の表情。日々の生活や暮らしの中で、どのような表情をしているかで変わってきます。生まれ持った顔立ちは変えられなくても、顔つきは今日からでも変えられます。笑顔をベースとした「豊かな表情」を心がけ、人に好感を与える「いい顔つき」の人になってください。

簡単なことだからこそ、手を抜かない！

10 挨拶と返事のマナー

> **チェックポイント**
> ① 常に自分から挨拶。待っていてはダメ
> ② 大切な3つの「こ」を意識する
> ③ 「はい」という返事を軽視しない

挨拶は人間関係のスタートの合図

多くのコミュニケーションは、「挨拶」をきっかけに始まります。

挨拶の「挨」には心を開く、「拶」には相手に近づく、という意味があります。あなたから心を開いて、先手で相手に近づくことが挨拶です。相手の反応を見てから動くのでは、本来の意味を満たしていないのです。

日本のマナーコンサルタントの第一人者であり、私の師である西出ひろ子先生は、挨拶で大切な3つの「こ」を提唱されています。

▶挨拶で大切な3つの「こ」とは…

● (こ)ころ（心）

まずは心ありき。口先だけの挨拶では不充分です。見えない心を言葉にして相手に伝える。心があれば、自然と行動にも反映されます。

● (こ)とば（言葉）

「おはようございます」や「ありがとうございます」など、きちんと言葉に出して相手に伝えます。

● (こ)うどう（行動）

お辞儀はもちろんのこと、表情も行動に含まれます。「いい表情」ができるように、日頃から顔の筋肉を動かしましょう。

▶ 好感を持たれる挨拶を身につける

　小学生のころに「あいさつ運動」などがあったと思います。私たちは「挨拶をしなさい」と教育を受けてきました。挨拶がそれだけ、大切な行為だからです。

　挨拶の仕方次第で、好感を持たれることもあれば、反感を持たれることもあります。社会人として好感を持たれる挨拶の仕方を身につけましょう。

● 好感を持たれる挨拶

- 常に先手で挨拶をする。
- 相手に体を向け、目線を合わせる。
- 微笑みの表情で。
- 相手に聞こえる明るい声で。
- 相手の名前を呼ぶ。
- 挨拶の次に言葉を添える。

● 反感を持たれる挨拶

- 何かをしながらの「ながら挨拶」。
- どのような場面でも「どうも」で済ませる。
- 相手の目を見ない。
- ぼそぼそとした小さな声。
- 無表情。
- 相手の状況を考えない挨拶。

職場で使われる基本的な挨拶

　職場で交わされる挨拶には、さまざまなものがあります。代表的なものをまとめましたので、TPOに合わせて使い分けてみましょう。
　特に注意してほしいのが、「退社するとき」の挨拶です。先に帰ろうとする上司や同僚には、「お疲れ様でした」と必ず声をかけましょう。自分より立場が上の人に、「ご苦労様」は使いません。

● 社内の人への挨拶

- 出社したとき ────── おはようございます。
- 外出するとき ────── ○○へ行ってまいります。
- 外出する人を見送るとき ── 行ってらっしゃいませ。
- 戻ったとき ────── ただ今、戻りました。
- 戻った人を出迎えるとき ── お帰りなさい。
- 依頼を受けたとき ───── はい、かしこまりました。
- 退社するとき ────── お先に失礼します。
- 退社する人を見送るとき ── お疲れ様でした。
- お礼を言うとき ────── ありがとうございます。
  　　　　　　　　　　　　 恐れ入ります。
- 謝罪をするとき ────── 申し訳ございません。

● 社外の人への挨拶

- 相手が訪ねてきたとき ─── いらっしゃいませ。
- 訪問先で招き入れられたとき ─ 失礼いたします。

　基本的な挨拶がしっかりできていると、職場でも可愛がられ、取引先やお客様からも信頼を得、人間関係がスムーズに進み、仕事がしやすくなります。

「はい」という返事を大切に

　呼ばれたら「はい」と返事をする――。子どものころから言われてきたことだと思いますが、この「はい」が言えない社会人も少なくありません。
　たった2文字の返事ですが、そこにはさまざまなメッセージが含まれています。正しい「はい」を言える人が、周囲に評価されるのです。

● **好感を持たれる返事**

・名前を呼ばれたら、すぐに「はい」と返事をする。

・作業の手を止めて、相手に体と目線を向ける。

・相手が上司や先輩なら、メモを持って相手のところに行く。

● **反感を持たれる返事**

・何かをしながらの「ながら返事」。

・語尾が上がる「はい」。

・「はいはい」や「はぁ」など、やる気が感じられない返事。

　特に上司先輩から呼ばれた場合は、「はい」と返事をしたらメモの用意をして、すぐに相手のところに向かいましょう。

頭を下げるだけでは不充分。姿勢を意識

11 お辞儀のマナー

> **チェックポイント**
> ① お辞儀前の立ち姿から注意が必要
> ② 個々の動作を丁寧に、区切りをつけて
> ③ 5種類のお辞儀を使い分けられるように

理想の挨拶のために、お辞儀は不可欠

　ほとんどの挨拶は、「お辞儀」と一緒に行われます。正しいお辞儀の仕方を身につけていなければ、正しい挨拶はできません。お辞儀の「辞」は「ことば」を、「儀」は「かたち」を意味します。
　お辞儀の上体を前に倒す行動には、相手に対する敬意や親しみ、感謝の気持ちなどが込められています。それらを正しく伝えることが重要です。TPOに応じて、5種類のお辞儀を使い分けましょう。

▶挨拶前の「立ち姿」が大切

　好感を持たれるお辞儀をするためには、お辞儀前の立ち姿が重要です。だらしなく立っている人に、正しいお辞儀はできません。
　まずは壁を背にして、後頭部、肩、お尻、かかとが壁につくように立ちます。このときの姿勢が、理想的な美しい立ち姿です。

▶心の込もった正しいお辞儀を

一つひとつの動作を意識して、メリハリをつけて行うと美しい形になります。上体を倒すときは、背筋を伸ばしたまま、腰から前に倒すように。

逆に、「ぺこぺこ何度も頭だけを下げる」「相手の顔を見たまま、お辞儀をする」「相手と目を合わせず、首だけ動かす」はNGです。

● 好感を持たれるお辞儀（男性編）

❶ きちんと足を揃えて、背筋を伸ばす（基本の立ち姿）。

❷ 靴のかかと部分を揃えて、つま先はこぶし1.5個分空ける。

❸ 人差し指をズボンの横の縫い目につける。中指ではなく人差し指を縫い目につけることで、指1本分、胸襟が開き、堂々とした印象を与える。

❹ 相手の目を見て「いらっしゃいませ」「ありがとうございます」など、伝えたい気持ちを言葉にして伝える。

❺ 背筋は伸ばしたまま、腰から上を前に倒す。

❻ 上体を前に倒すのに合わせて、自然に手の位置を太ももの横から前にすべらせるようにする。指はきれいに揃える。

❼ お辞儀をしたら、一旦静止（2秒静止して、3秒目から上体を戻し始める）。

❽ ゆっくりと上体を元の位置に戻し、再び相手の目を見る。

● **好感を持たれるお辞儀（女性編）**

❶ きちんと足を揃えて、背筋を伸ばす（基本の立ち姿）。

❷ 靴のかかと部分とつま先部分を揃える。

❸ 中指をスカート（パンツ）の横の縫い目につける。

❹ 相手の目を見て「いらっしゃいませ」「ありがとうございます」など、伝えたい気持ちを言葉にして伝える。

❺ 背筋は伸ばしたまま、腰から上を前に倒す。

❻ 上体を倒した位置で、両手を前で軽く重ねる。指はきれいに揃える。

❼ お辞儀をしたら、いったん静止（2秒静止して、3秒目から上体を戻し始める）。

❽ ゆっくりと上体を元の位置に戻し、再び相手の目を見る。

▶「5種類のお辞儀」を使い分ける

● 目礼

・上体を傾けず、言葉も発さず、目だけでするお辞儀。

・人が乗っているエレベーターで知人に会ったときなどに。

● 会釈

・上体を15度、前方に傾けるお辞儀。

・室内の出入りの際などの、軽い挨拶。

・添える言葉は「失礼いたします」など。

● 普通礼（敬礼）

・上体を30度、前方に傾けるお辞儀。

・最もよく交わされる、一般的なお辞儀。

・添える言葉は「いらっしゃいませ」など。

● 丁寧礼（最敬礼）

・上体を45〜60度傾ける、丁寧なお辞儀。

・お礼、お詫びなどのあらたまった挨拶。

・添える言葉は「ありがとうございます」「申し訳ございません」など。

● 拝礼

・上体を90度、深々と曲げるお辞儀。

・深く御礼や謝罪の意を伝えるときなど。

・添える言葉は「大変申し訳ございませんでした」など。

※神社参拝では、この拝礼を行う。

覚えてもらうことから、関係は始まる

12 自己紹介のマナー

> **チェックポイント**
> ❶ 「自分自身のプレゼン」と考える
> ❷ ハンバーガー形の「7つのステップ」
> ❸ 「アピールポイント」をその場に合わせる

自己紹介はあなた自身のプレゼンテーション

　初対面の相手には、「自己紹介」を行います。あなたの名前を覚えてもらい、人柄を知ってもらい、今後のご縁をつないでいくことが目的です。あなた自身のプレゼンテーションといってもいいでしょう。

　プレゼンテーションなのですから、相手の「この人は何者?」といった疑問や興味に、うまく答えなければいけません。その上で、好感を持ってもらえたら、ベストな自己紹介となります。

▶ **自己紹介の3つのメリット**

● **自己PR**

　名刺交換だけのときと比べて、あなたの名前と顔を、相手に覚えてもらえる可能性が高くなります。

● **安心感を与える**

　あなたの情報が伝われば必然的に、相手は安心感や信頼感を得られます。互いの距離も縮まっていきます。

● **きっかけづくり**

　多くの場合、自己紹介だけで終わらず、話が広がっていく。自己紹介が、コミュニケーションのきっかけづくりになります。

▶自己紹介には「7つのステップ」がある

次の7つのステップを頭に入れておくと、スムーズに自己紹介ができます。快活な口調で、はっきりと伝えましょう。

● 好感を持たれる自己紹介の流れ

▶理想の自己紹介はハンバーガー形？

上記の自己紹介の「7つのステップ」は、3つのグループに分けることができます。

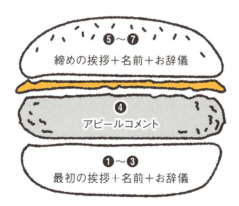

まるでハンバーガーのパンと具のように、間に「アピールコメント」を挟むと、まとまりのある美しい自己紹介となります。こうした形式にすることには、2つの大きなメリットがあります。

● 第1のメリットは「記憶に残りやすい」

　まず、最初と最後に名前を言うことで、自分のことを覚えてもらえる確率が高くなります。
　初対面の人から名前を聞かされても、一度だけでは記憶に残りません。最後にもう一度、名前をくり返すから、強く印象に残せるのです。

自己紹介で名前を覚えてもらうには？

　この名前をくり返す自己紹介は、私がアナウンサーになる訓練を受けていたときに教えてもらいました。フリーアナウンサーになってからも、オーディションのたびに活用していました。1分間ほどの自己PRで、最初と最後に名前を言うことで、より強く審査員に印象づけることができました。

● 第2のメリットは「応用範囲が広い」

　次に、ハンバーガーの具に当たる「アピールポイント」を変えるだけで、どのような状況にも対応できます。
　社会人が自己紹介を求められる場面は多種多様です。職場や訪問先のほかに、勉強会や交流会、宴席なども挙げられます。すべての場面で、ゼロから自己紹介を考えていたら、疲れ果ててしまいます。この点、ハンバーガー形の自己紹介は、アピールポイントを場に合った内容にするだけでOK。幅広く対応できるので便利です。

▶ より印象づけるために、さらなる工夫を

　名前だけでも記憶してもらえたら、自己紹介としては充分に合格点。だからこそ、名前を印象づける工夫が必要です。名前をくり返す以外にも、次のようなテクニックも取り入れてみましょう。

● 名前の漢字について説明をする

　自分の名前に使われている字の説明をする。誰もが知っている漢字でも、字が成立した由来などを話すと、印象に残りやすくなります。

● 名前の由来を説明する

　ケントという名前の人なら、「世界で活躍してほしいという思いから、父が、海外でも通用する『ケント』と名づけてくれました」といった具合に、名前の由来を説明する。由来と結びつくことで、より記憶に残りやすくなります。

● 有名人の名前と関連づける

　芸能人に似た名前の人がいたら、「俳優の○○○さんと1字違いです」といった具合に、関連づけて名前を伝えてもいいでしょう。

● 間違われやすいことをアピールする

　難しい名前の読み方をする人は、自分から「よく名前を間違われます」と言うことで、逆に印象づけられます。

アピールポイントは、その場に合わせる

　ハンバーガー形の自己紹介は、アピールポイントの内容を変えるだけで、さまざまな場面に対応できます。
　その場に適したアピールポイントを選ぶためには、状況を正しく把握することが必要です。

- ・何の目的で集まっている場なのか？
- ・どんな人たちに話すのか？
- ・あなたの何を知りたいと思っているのか？
- ・あなたは自分の何を知ってほしいのか？

　これらの要素を頭に入れて、その場に合った内容をチョイスすることで、スマートで印象に残る自己紹介になります。
　アピールポイントを詰め込みすぎないことも重要。話を盛り込みすぎると、どれも印象に残りません。その場にふさわしく、あなたも伝えたいと思っていることだけで充分です。

人柄をより知ってもらうために

　趣味や特技、興味を持っているものなどを、簡単なエピソードを交えながら、手短に話すと印象に残ります。
　たとえば、家族の話、ペットの話、自分の性格、出身地など……。
　「特技はピアノ演奏です。5歳から習い始め、中学生のときに一度辞めたのですが、最近、大人のピアノ教室に通い始め、ジャズピアノを練習しています。ジャズのリズムが心地よく、ストレス解消にもなっています」
　何を話せばいいか悩んだときは、「自分自身がその場にいる人たちの何を知りたいか？」「どんなことに興味を持ったのか？」と考えてみましょう。それを自分に置き換えれば、アピールポイントになるでしょう。

表情や態度、話し方まで意識する

　自己紹介は第一印象を決める大切な場です。「この人の話を聞きたい」「この人のことを知りたい」と思ってもらえるように、表情、態度、姿勢、身だしなみなど、見た目を整えることも大切です。

　笑顔は安心感や信頼感、親しみやすさなどを感じさせます。姿勢のよさは健康的で堂々とした印象を与えます。

　話し方も大切な要素です。いくら素晴らしい自己紹介をしても、それが相手に聞こえなければ、意味がありません。

　それに、明るくハキハキした声や話し方からは「明るくハキハキした人」という印象を、ボソボソとした小さな声からは「自信がなさそうで暗い人」といった印象を残します。あなたの声が聞き取りにくいことで、不快に思う人も出てくるかもしれません。

　声の大きさのポイントは、一番遠くの人に顔を向けて、話しかけるように声を出すこと。遠くの人に話しかけようとすれば、自然と姿勢もよくなり、明るい声が出てきます。「明るく」「ハキハキと」「聞き取りやすいスピード」の3点も心がけてください。

第 3 章

社会人に求められる「話し方・聞き方」の基本

社会人にコミュニケーション力が求められる理由

13 話し方の心がまえ

> **チェックポイント**
> ① 会話は「仕事をスムーズに進める」武器
> ② 「わかりやすい」＋「好感を持たれる」
> ③ 結論から話した上で、適した言葉を選ぶ

ビジネスシーンにおける会話の役割

　職場では年齢も立場も考え方も異なる人たちが仕事をしています。
　そうした人たちとトラブルを起こさず、良好な関係を築くために、マナーあるコミュニケーションをとることが求められます。そのためにも、相手を不快にさせない話し方は必須です。この章では、あなたが伝えたいことを誤解されることなく伝えることができる話し方を学びます。

▶話し方の2つの基本

● わかりやすい

　相手に何を話しているかが伝わらなければ、不要なトラブルを引き起こします。わかりやすい言葉で話すことを意識しましょう。たとえば、「車窓から見る景色」ではなく「車の窓から見る景色」といった具合です。

● 好感を持たれる

　わかりやすさには、言葉の選び方や声の大きさ、トーンなどが関係してきます。さらに表情や態度、身だしなみで好感を持ってもらえます。

▶「わかりやすい話し方」を実践しよう！

● 順番……　結論から話す

会話は話す順番によって、相手の理解度が変わります。「結論から話す」を意識するだけでも、ずっと伝わりやすくなります。

具体的には、「あなたが一番伝えたいこと」か「相手が一番知りたいこと」を、最初に伝えます。結論や概要を伝えることで、聞き手は話の目的や主題を、初めから知ることができます。「いったい何が言いたいんだ」と、イライラすることもなくなるのです。さらに、結論がわかっていることで、安心して話を聞くことができます。結論をわかった状態で、過程や裏づけを聞くことになるため、理解度が高くなります。

新聞や雑誌の見出し、インターネットニュースのタイトル、ニュース番組のアナウンサーの言葉なども、「何の話か？」「何があったのか？」を、最初に伝えています。結論を引き延ばしてしまうと、話の要領を得ない仕事の出来ない人という印象にもなりかねません。ビジネス会話は、誤解されないわかりやすい伝え方として、結論から伝えましょう。

● 言葉……　相手に伝わる言葉を

会話においては、相手によくわかる言葉を選びましょう。

たとえば、親戚の子どもと遊ぶときと、会社の上司と話すときでは、自然と話し方が違ってくると思います。上司に対するような言葉遣いでは、子どもに伝わらないことがわかっているからです。

同じように、社内の人と社外の人とでは、言葉の選び方を変えます。専門用語や業界用語で話してしまうと、社外の人には伝わらないからです。あなたが日常的に使っている言葉ではなく、相手が日常的に使う言葉を選ぶことで、言いたいことがスムーズに伝わります。そのためにも「相手中心」になって、相手の頭の中にある言葉を探してください。

また、相手に正しく理解してもらうためには、「具体的」に話すこともポイントです。会話中に「たとえば〜」とたとえ話を入れたり、過去の事例を盛り込むだけでも、具体性は増していきます。

曖昧（あいまい）な言葉を避けることも重要。「少し軽くなりました」「広い会場です」では、人によってイメージが異なります。あなたと相手の感覚が異なっていたら、期待通りの反応は返ってきません。

こうした場面では「500グラム軽くなりました」といった具合に、「東京ドームと同じ広さです」のように、誰もがわかる物と比べると正しく伝わります。

第3章　社会人に求められる「話し方・聞き方」の基本

053

● 声……　聞き取りやすい声と速度で

　会話においては「相手にとって聞き取りやすい声」も重要です。声の大きさや明瞭さ、スピードを意識する必要があります。

　声が大きすぎたり、早口すぎたりすると、威圧されている、責められているという印象を与えます。そんな気はないのに、「怖い人」「押しの強い人」と受け取られてしまうのです。

　また、早口で話されると、聞く側はなかなか理解できません。しかも、相手に威圧感を持っているので、「もう一度お願いします」と言い出せず、話も伝わりません。

　自分で早口だなと思う人は、相手の話すスピードやテンポに耳をかたむけてみましょう。そして、相手に合わせてみるのです。そうすることでお互いに心地よく話せるようになります。

　ほかにも、小さすぎるボソボソとした声はNG。相手は聞き取れませんし、自信がないように思われてしまいます。

　声と姿勢は連動しているといわれています。下を向いて話すと、声も低く小さくなります。姿勢よく顔を前に向けて話すと、自然と大きな声が出て、明るい印象が強まります。

　目線と声の大きさにも関連性があります。人は目線の先に声が届くように、無意識のうちに声を調整しているそうです。大きな会場で話すときは、会場の一番後ろの人に話しかける感じで話すようにすれば、全体に聞こえる声になります。

　1対1で話すときは、その方を見ながら話すことで、ちょうどよい声の大きさになります。また、会話中の視線にも注意しましょう。

● 表情……　会話の内容と合わせる

　ニコニコしながら「申し訳ございません」、ブスッとした表情で「いらっしゃいませ」、いずれもマイナスな評価となります。

　会話中は言葉と表情を、一致させることが重要です。

　話し手の言葉と表情が異なる場合、人は表情からのメッセージを優先させます。「話していることと表情が違う」ということで、不信感を抱き、あなたの言葉を受け入れてもらえない可能性があります。

　自分はどんな表情をしているのか――。職場で会話をするときは、そのことを意識してください。言葉だけですべてを伝えようとせず、表情と態度でも伝える努力をしましょう。同じように、相手の表情を正しく読み取ることも必要です。たとえば、あなたの説明が終わったとき、相手が不安そうな顔で「わかりました」と言っていたら、実は伝わっていないのかもしれません。そういうときは、「もう一度お伝えいたしましょうか」など、相手が言いにくいことを自分から提案することで、よい関係を築いていけるでしょう。

会話の印象が、あなたの印象を決める！

14 話し方の基本

> **チェックポイント**
> ① 会話の印象はそのまま、あなたの印象
> ② 部分的な修正で、全体の印象は変わる
> ③ 「クッション言葉」と「あとよし言葉」

「感じのよい言葉」を心がける

　職場における会話は、「わかりやすい」と「好感を持たれる」が重要であることをお伝えしました。ここでは「好感を持たれる」ために、どのような話し方をするのかをお伝えします。
　コミュニケーションは相手あってのものなので、相手に真意が伝わらなければ、誤解されたり、嫌われる危険もあります。人間関係を円滑に進めるためにも、「感じのよい言葉」選びを意識しましょう。

▶言葉の印象＝話し手の印象＝会社の印象

● 言葉を選ぶ

　話し方や会話の内容はそのまま、あなたやあなたの会社の印象と重なります。言葉遣いが乱暴だったら、あなたも会社も乱暴だと思われてしまいます。自分が発する言葉が自分＝会社の印象になることを肝に命じておきましょう。常に相手を心地よくさせる、相手を傷つけない言葉を選びましょう。プロのアナウンサーのように、流暢に話す必要はありません。聞き手を思いやる気持ちと聞き手の立場を慮り、ちょっとしたコツを身につけるだけで、あなたの話し方は劇的に変化します。

▶「好感を持たれる会話」を実践しよう!

● 話の終わりを丁寧に結ぶ

　職場では「ですます調」の丁寧語が基本です。社会人になると敬語は必須です。しかし、使い慣れていないと、混乱する場面もあるでしょう。

　敬語を無理なく使うコツは、慣れないうちは「誰に対しても丁寧に話す」を心がけること。その間に、職場など仕事を通じて敬語の使い方を学び、慣れていくことです。

　一方、無理をして、必要以上に敬語を使いすぎると、かえって慇懃無礼な印象を与えかねません。相手への敬意を伝えるためには、話の終わりを丁寧に結ぶこと。会話中に多少くだけた言い回しがあっても、最後を正しい敬語、丁寧な言葉遣いで締めくくれば、好印象が残ります。

● 最後まで言葉にする

　伝えたいことは、最後まできちんと言葉にして伝えます。お礼を言いたければ「どうも」で終わらせず、「どうも、ありがとうございます」といった具合に、最後まで言葉にして伝えましょう。

　省略せずに最後まで言葉で表現して、初めて相手に気持ちや必要事項が伝わるのです。

●「すみません」より「ありがとう」

　「すみません」という言葉をよく見聞きします。

　この言葉は、御礼やお詫び、依頼をするときなどに使う人が多いようです。しかし、感謝の気持ちを伝える御礼には「ありがとうございます」、謝罪の気持ちを伝えるときには「申し訳ないことでございます」など、伝えたい気持ちや意味がわかりやすい言葉があります。また、上司に質問をしたいときなど「すみません」からはじめるのではなく「失礼いたします。今、お時間よろしいでしょうか」と何を伝えたいのかはっきりとわかる言葉を使うのが社会人です。日頃から「すみません」は使わないように意識をし、メールや手紙などにも「すみません」や「すいません」などと書かないように。相手の心にプラスに響く言葉を伝えることは、好感を持ってもらえる話し方にもつながります。

● 口ぐせが出そうになったら、間を取る

　人にはどうしても「口ぐせ」があります。会話中に「えー」「あのー」「だから」という言葉を耳にします。これらは「口ぐせ」として無意識に発する言葉で、耳障りに感じる人もいます。このように「口ぐせ」が多いと、相手は会話の内容よりも、口ぐせのほうが気になります。集中できず、話の内容が頭に入ってきません。

　口ぐせは自分では、なかなか気づきにくいものです。一度、自分の話を録音して、口ぐせの有無をチェックすることをオススメします。話し方のくせを知ることで改善できます。会話中に口ぐせが出そうになったら、ぐっとこらえて間を取り、ワンテンポ空けてから、会話を続けます。これだけで口ぐせを減らせますし、会話のペースをゆるやかにして、感じのよい話し方に変えられます。

●「クッション言葉」を活用する

　何かを依頼するときやたずねるとき、あるいは相手からの依頼を断るときに、いきなり本題から入ると失敗しやすいものです。

　このような場面では「恐れ入りますが〜」「申し訳ございませんが〜」といった一言を添えてから、本題に入っていくようにしましょう。こうした本題に入る前の一言を「クッション言葉」といいます。

　家族や友人との会話を思い出してください。「ちょっと、おしょうゆとって」「ごめん、先に行ってて」といった言い方をしていると思います。こうした「ちょっと」や「ごめん」も、クッション言葉の一種です。職場ではもう少し丁寧に、「恐れ入りますが〜」「申し訳ございませんが〜」と言い換えるだけです。
「お手数をかけて、申し訳ないという気持ち」「期待に添えず、申し訳なく残念に思う気持ち」

　これら気持ちを表現するクッション言葉は、相手の立場に立っているからこそ出てきます。それこそクッションのようにふわっと柔らかく、次にくる本題の衝撃を和らげてくれます。

例

恐れ入りますが、少々お待ちいただけますか

申し訳ございません。あいにく○○は席を外しております

お手数ですが、こちらにご記入いただけますでしょうか

お忙しいところ、申し訳ありませんが

失礼ですが、お名前を教えていただけますか

第3章　社会人に求められる「話し方・聞き方」の基本

057

●「あとよし言葉」を活用する

　話の順番を変えるだけで印象が変わる話法に、「あとよし言葉」があります。
　漢字で書くと「後良し言葉」です。良いことと悪いことを話すときは、良いことを後に話すほうがよい、ということです。

　この2つの文は、順番を入れ替えただけで同じことを言っていますが、後者は褒めているように受け取れます。同じ内容の話であっても、順番を入れ替えるだけで、印象は大きく変わるのです。
　話の印象が変わるということは、話し手の印象も変わるということ。「悪口を言っていた人」が「褒めていた人」に変身します。
　プラスの言葉で締めくくるだけで、あなたの印象はアップするのです。

会話を通じて信頼や安心を得る

15 言葉選びのマナー

> **チェックポイント**
> ① プラスの言葉を選ぶ
> ②「上から目線」を避ける
> ③ 文法的な正しさより、相手の気持ち優先

言葉の選び方が、次の仕事につながる

　仕事をしていく上で大切なことは、いただいたご縁を次につないでいくこと。そのくり返しによって、活躍の場が広がっていきます。

　そのためには「選ぶ言葉」が重要です。好印象を持たれる人たちは、的確な言葉を選んでいます。その場にふさわしい言葉を、丁寧な言い回しをしているから、「また会いたい」「また話したい」と思われます。

　言葉の選び方が適していれば、あなた自身の評価も高まります。

▶言葉選びの2つのポイント

● プラスの言葉を選ぶ

　ネガティブな言葉を使う人は、相手の気持ちまでネガティブでマイナスにしてしまいます。相手のためにも、ポジティブな言葉を使いましょう。どちらの言葉でも通用する場面では、必ずポジティブでプラスな言葉を選びます。

●「上から目線」を避ける

　基本的に「上から目線」の言葉は、使いません。上司や先輩、お客様から、反感を買う危険性が高まります。相手が部下や後輩であったとしても、あなたに心を開けず良い関係が築けません。

▶ プラスの言葉を選ぶ

●「で」→「が・を」に変換

最初の「コーヒーでいいです」という返答は、「本当はほかのものがよいのだけれど、コーヒーで我慢しておこう」というニュアンスが感じられます。言われたほうはいい気がしないでしょう。

それよりは「ほかの飲み物ではなくコーヒーが飲みたかった」と、感じられるような話し方を選びたいものです。

日頃から「〜でいい」と口にしている人は、「〜がいい」に言い換えるように注意してください。

●「は」→「も」に変換

こちらも「今日はすてきですね」だと、「今日だけすてきで、いつもは違う」といった受け取り方をする人が出てきます。せっかく褒められているのに、相手は素直に喜べません。

これが「今日もすてきですね」だと、「いつでもすてき」といった受け取り方になり、相手は素直に喜ぶことができます。

このようにたった一字の違いで、印象は大きく変わるのです。

● 否定表現を肯定表現に変える

否定的な表現は、相手の依頼だけでなく相手そのものまで、拒否している印象を与えてしまいます。必然的に、話も広がりません。

会話中はできるだけ、肯定的な言葉に置き換えましょう。

置き換えた言葉に「クッション言葉」を添えて、「申し訳ございません。○○はあいにく切らしております」、その後「明日には入荷予定でございますが、いかがいたしましょうか」と代替案を提示すれば、さらに印象はよくなるでしょう。

▶「上から目線」を避ける

●「お教えしましょうか」を避ける

　何かを説明するとき、気をつけなければいけない言葉に「お教えしましょうか」という表現があります。この「教える」という言葉には、上の者が下の者に対して行うというイメージがあります。言われた側は、あなたに見下されているように感じる可能性があります。このような場合は「ご説明」や「お伝え」という言葉に置き換えます。また、「よろしければご説明いたしましょうか」のように、クッション言葉を用いることも鉄則です。

●「おわかりになりますか」を避ける

　同様に、「おわかりになりますか」や「ご理解いただけましたでしょうか」と言うのも、職場では避けたほうが無難です。相手の理解度を判断しているように受け取られます。

　このような場合は、相手が正しく理解できたかどうかではなく、あなたの説明が伝わったかどうかにフォーカスを向けます。

　たとえば、「ご不明な点はございませんでしょうか」「何かご質問はありますか」といった言い方です。

　言いたいことが相手に伝わっていたら、そのように答えてくれるでしょう。不充分であれば、質問が返ってくるはずです。

●「命令形」を「依頼形」「伺い形」に

× お越しください
○ お越しくださいますか
○ お越しいただけますでしょうか

× お待ちください
○ お待ちくださいますか
○ お待ちいただけますでしょうか

× 煙草は吸わないでください
○ お煙草はご遠慮いただけますでしょうか

　日本語としては「お越しください」「お待ちください」「〜しないでください」といった言い回しは、丁寧語となります。

　しかしながら、ビジネスシーンでは、これらの言葉は「命令形」と受け取られ、横柄で一方的な印象につながります。

　そこで「依頼形」「伺い形」で、相手に選択権を委ねるマナーある言い方にします。

● その他、注意するべき言い回し

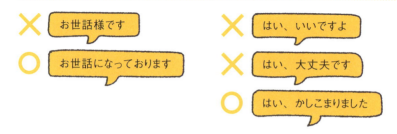

　ビジネスは人間関係によって成り立っています。言葉の選び方一つで、関係が強固になることもあれば、逆に崩れる危険性もあります。
　日本語としては正しくても、それがマナーの視点からは言い変えるほうが良いケースもあります。大切なのは「相手がどう感じるか」という「相手の気持ち」です。
　相手の気持ちに寄り添い、相手の求める言葉をかける。そうした姿勢を心がければ、周囲に受け入れられる人財になれます。

「関係を深めるきっかけ」と前向きに

16 意見が対立したときの話し方

> **チェックポイント**
> ❶ 職場では意見が対立することもある
> ❷ そんなときでも「まず受け入れる」
> ❸ 最後は「感謝の言葉」で締めくくる

仕事において、意見の対立は日常茶飯事

　会議やミーティングの場では、それぞれの立場で意見を求められます。お互いに、意見が対立する場面があるかもしれません。また、取引先など社外の人たちとも、考えが一致しない場面もあるでしょう。

　こうした場面で、自分の意見をストレートに伝えるだけでは、問題解決にはつながりません。かえって状況が悪化します。そうならないためのコミュニケーション方法を、本項目で学びます。

▶問題解決のための2つのポイント

● **不快感を与えない**

　相手の主張の問題点を、頭ごなしに否定してしまったら、なかなか問題は解決しません。欠点を見つけたとしても、ストレートには言わないようにします。

● **主張を聞いてもらう**

　不快感を与えないためとはいえ、聞き役に徹するだけでは不充分。あなたの主張もきちんと伝えます。もちろん、言い回しや言葉遣いに注意します。

063

▶ 大切なことは「まず受け入れる」

　不快感を与えない。主張を聞いてもらう。これらを両立するためには、まず相手の意見を受け入れることが大切です。その上で、自分の主張を述べるようにします。
　あなたが意見を受け入れることで、相手にも余裕が出てきます。対立する意見であっても、聞く耳を持とうとするわけです。
　相手の意見を受け入れたら、あなたの意見を口にする番です。ここで「しかし〜」とつなげてしまうと、「何がしかしだ！　結局、聞く気がないじゃないか！」といった具合に反発されます。
　相手の主張に反する意見を言うときは、「ただ〜」を使うといいでしょう。否定のニュアンスが薄れて、相手の抵抗感も弱まります。
　こうして意見を述べ終わったら、あらためて「いかがでしょうか」と相手の意見を促します。互いの意見を出し合って、少しずつ、問題解決を目指すわけです。
　まとめると、次のようになります。

❶ 相手の意見を受け入れる。
❷ 「ただ〜」という言葉でつなぐ。
❸ 自分の意見を述べる。
❹ 相手の意見を促す言葉で締めくくる。

× いや、その方法では無理だと思います。それでは工期に間に合わなくなってしまいますよ

○ そうですね。確かにその方法は良い案だと思います。ただ、その方法を採用するには準備が必要で、今からでは工期に間に合わなくなる可能性があると思うのですが、いかがでしょうか

▶ 最後は「感謝の言葉」で締めくくる

　どうにか問題解決にたどり着いても、そこで終わりではありません。関係者は口に出さないだけで、「しこり」が残っているかもしれません。
　そこで会議や商談が終わったときは、感謝の言葉で締めくくりましょう。

「本日は貴重なお時間をつくってくださり、誠にありがとうございました。大変勉強になりました。今後とも、どうぞよろしくお願いいたします」

　相手は貴重な時間を使って、あなたの話を聞いてくださったのです。意見が対立したときも、会議を投げ出したりはしませんでした。
　そうしたことへの感謝を伝えるとともに、誠意のこもった挨拶で締めくくることで、相手に好印象を残すことができます。「雨降って、地固まる」の言葉通り、さらに関係を深めていけるでしょう。

自分が話すよりも、簡単で楽しい?

17 聞き方の基本

チェックポイント

1. 「話し上手は聞き上手」は真実
2. 4つの「聞き方のコツ」を押さえる
3. 気持ちよく話してもらい、真意を知る

会話は「話す」より、「聞く」が大切

よく「話し上手は聞き上手」といわれます。コミュニケーションにおいて「聞く」という行為は、それだけ大切だからです。

相手の要望を正確に把握して、それに応えていくことは、社会人にとって求められる能力です。このプロセスで「聞く」ことが重要となります。会話中に相手のニーズを聞き出すことで、要望に応える努力もできます。「聞く力」は「相手に気持ちよく話してもらえる力」でもあるのです。

▶「聞き上手」になるコツは4つ

あなたが「興味を持って聞いています」と態度で示せば、相手は気持ちよく話してくれます。そのためには、次の4点を重視します。

視線	うなずき、あいづち	表情と態度	最後まで聞く

● 視線

話を聞いていることを視線で伝えます。言い換えれば、意識的に話し手に視線を向けることです。

ただし、ずっと話し手の目を見続けていると、お互いに疲れてしまいます。基本的には視線を合わせつつも、ときどき鼻のあたりに視線を外しながら聞くといいでしょう。

● うなずき、あいづち

あなたが無反応で話を聞いていたら、相手は「興味がないのか」「つまらないのか」「何か失礼なことを言ってしまったのか」と不安になります。話すことが苦痛になってしまうのです。

会話に興味があることを伝えるためには、「うなずき」は簡単で効果的な主張です。首を縦に振るだけで、相手は話しやすくなります。

うなずきに、その場の状況に合った短い言葉をプラスすると、「あいづち」になります。言葉も加わったあいづちが入ることで、会話にテンポが生まれます。相手はさらに話しやすくなります。

もちろん、「はいはい」「はぁ」「ふーん」といった気のないあいづちでは、かえって話の邪魔になりますから、注意が必要です。

● 表情と態度

話を聞くときは、相手の気持ちに添った「表情」と「態度」を心がけましょう。楽しい話題には笑顔で、悲しい話にはその内容にふさわしい表情にします。

話し手にとっては無表情ほど、怖いものはありません。あなたが表情豊かに聞いていれば、「話を聞いてもらっている」と安心できます。うなずきやあいづちと組み合わせると、さらにいいでしょう。

たまに真面目に聞いているうちに、怖い顔になってしまう人がいます。本人に悪気はないのでしょうが、話し手を不安にしてしまいます。思い当たる節があれば、柔和な表情を心がけましょう。

● 最後まで聞く

気持ちよく話してもらうためには、途中で話を遮ったり、話に割り込まないことも大切。話し手は気分を害してしまいます。

相手に質問をしたいとき、相手が会話を終えたタイミングで「あの……」と言いかけたら、相手も話の続きを言おうとしていた、という場面があります。割り込んだわけではないのですが、お互いに気まずいものです。

こうした場面を避けるには、会話が途切れたからといって、すぐには質問をしないこと。最低でも3秒は間を空けましょう。

▶ 相手の話を正確に聞き取る

相手に気持ちよく話してもらえるようになったら、次は「正確に聞き取ること」を意識します。相手のニーズを正しく把握することで、新しいアイデアや解決策を提示することができます。

この3つを押さえることで、相手の話を正確に聞き取れます。

● メモを取りながら聞く

メモを取ることには、2つの効果が期待できます。

まずはメモを取る行動そのものが、「あなたの話は重要です」「真剣に聞いています」「大切なことは書き留めていますよ」といったアピールにつながることです。わざわざ言葉に出さなくてもいいわけです。

話の内容が文字として残ることで、話し手はいい加減なことを口にできなくなります。自分の話に、責任を持つようになるのです。

メモを取る2つ目の効果は、情報としての正確さです。

記憶は時間とともに薄れていってしまいます。話の内容を覚えていたつもりでも、うっかり忘れてしまうことは珍しくありません。

こうしたミスを防ぐためにも、メモに残すことが重要です。話の行き違いや、「言った」「言わない」などのトラブルも防げます。

メモの取り方は「5W3H」を意識してください。後日確認するときに、聞き忘れた箇所や疑問点がすぐにわかります。

Who 誰が、誰に	Why なぜ	What 何を	When いつ
Where どこで	How どのように	How many いくつ	How much いくらで

第3章 社会人に求められる「話し方・聞き方」の基本

● 相手を観察する

　正確に話を聞くためには、言葉そのものだけではなく、話し手の表情や態度、声の調子なども重要です。言葉以外のコミュニケーションである「ノンバーバルコミュニケーション」にも意識を向けて、判断することが重要です。

　話し手が「申し訳ございません」と口にした場合でも、本心からそう思っているのか、うわべだけの謝罪にすぎないのかは、表情や態度、言い方などから伝わってきます。

　言葉を聞くことだけに集中していると、こうした情報を見逃してしまいます。会話中は耳だけでなく、目も活用しましょう。言葉以外の情報も交えて判断することが、正確に聞き取るためには大切です。

● 質問をする

　相手に話を続けてもらうためにも、知りたい情報を引き出すためにも、質問は有効な手段です。質問をすることには、次のような効果があります。

　私たちは日常生活において、他人に質問することがよくあります。そのすべてで、知りたいことやわからないことがあるわけではありません。コミュニケーションのきっかけとして、質問している場合も多いのです。

　質問には大きな力があります。その場の状況と、目的に合った質問の仕方をマスターし、適切に使い分けましょう。

▶「クローズドクエスチョン」と「オープンクエスチョン」

質問には大きく分けて、2種類あるといわれています。それが「クローズドクエスチョン」と「オープンクエスチョン」です。

● クローズドクエスチョン

> 朝食はパンですか？

> 牛乳はお好きですか？

> 合計1万円で間違いないですか？

これらの質問はどれも、「はい」か「いいえ」で答えられます。話に広がりを持ちませんから「クローズド（閉じた）」の質問というわけです。

話を広げづらいクローズドクエスチョンは、日常生活のコミュニケーションには向いていません。たとえば「学校に行っていたの？」とたずねても、返答は「はい」か「いいえ」で終わってしまいます。会話のきっかけとしての質問では、後述する「オープンクエスチョン」のほうが適しています。とはいえ、ビジネスシーンでは異なります。クローズドクエスチョンがふさわしい場面も少なくありません。

なぜなら、ビジネスでは小さな行き違いやミスが、大きなトラブルに発展することがあるからです。曖昧な返答では困るのです。

そこでクローズドクエスチョンを投げかけて、明確な答えを求めます。そうすることでトラブルを未然に防ぐことができるのです。

会議や打ち合わせの終了時、必ずこのクローズドクエスチョンで、お互いの認識を確認し合いましょう。

人の名前、商品の名前、金額、数量、日程。これらについて、「はい」か「いいえ」で答えられる質問を入れながら事実確認をすることで、小さなミスや行き違いを防げるのです。

- **オープンクエスチョン**

こちらは「オープン（開いた）」の質問です。回答が「はい」「いいえ」に限定されないため、返答の自由度が高くなります。

> 朝食は何を召し上がりますか？

> 飲み物は何がお好きですか？

> お休みの日はどのように過ごしていらっしゃいますか？

オープンクエスチョンによって、話は広がりやすくなります。コミュニケーションのきっかけや、わからないことを深く知りたいときに有効です。

返答がわかっていることでも、あえてオープンクエスチョンを投げかけるテクニックもあります。

話し手がうれしそうに、トラブルを乗り越えた話をしていたとします。ここであなたが「いろいろなご苦労があったのでは？」と問いかけたら、話し手は「そうなんだよ！」と、さらに饒舌になるでしょう。

オープンクエスチョンには、会話の潤滑油としての役割もあります。相手が話しやすい表情、声のトーンまで意識するとよいでしょう。

▶質問の持つ「大きな力」を自覚する

このように質問は、大きな力を持っています。良くも悪くも相手に影響を与えてしまうのです。

知りたいことがあるからといって、矢継ぎ早に畳みかけるようにたずねていると、「尋問」や「詰問」と受け取られてしまいます。責められているように感じた相手には、不快感や不満が残ります。

質問は、相手がいるからできること。相手が話してくれなければ、何も聞くことができません。相手への配慮、すなわちマナーの心を欠かさないことが大切です。

第4章

社会人に求められる
「電話応対」の基本

18 電話応対の基本【かけるとき】

基本的な考え方は、普段の会話と同じ

> **チェックポイント**
> ❶ 電話は「声だけのコミュニケーション」
> ❷ 「第二の受付」であり「営業の窓口」
> ❸ 「5W3H」で、用件や段取りを明確に

苦手意識を持たなくても大丈夫！

　ビジネスにおけるコミュニケーション手段の中で、「電話応対」は相手の表情がまったく見えません。したがって、声と言葉でコミュニケーションをとっていきます。相手に失礼のないように、正確に情報をわかりやすく、感じよく伝えていきましょう。
　はじめは緊張するかもしれませんが、準備をしてのぞめば、よい応対ができるようになります。

▶ 職場における電話の役割

● 第二の受付

　会社や店舗などに直接出向く前に、電話で質問や確認、予約などをする人もいます。電話は第二の受付といわれる程、会社や店舗の顔となる重要な仕事の一部なのです。

● 営業の窓口

　お客様にとって電話での印象は、そのまま会社の印象へとつながります。営業部門以外にかかってきた場合も同じです。社員一人ひとりが営業パーソン、会社の代表であるという意識を持ち、電話応対をおこなうことが大切です。

▶こちらから電話をかける場合

電話に苦手意識を持っていると、電話をかけるだけでも緊張してしまいます。
しかしながら、こちらから電話をかける場合は、あらかじめ準備しておくことができます。
備えあれば憂いなし。事前の準備が万端なら、恐れることはありません。

● 電話前の準備は「5W3H」に従って

Who 誰が、誰に	相手の電話番号、会社名、部署・役職名、氏名の読み方などを確認。
Why なぜ	電話をかける理由を確認。
What 何を	必要書類などがあれば、手元に準備。
When いつ	相手の出やすい時間など、かけるタイミングを考える。日程などを伝えるときは、スケジュールを確認。
Where どこで	電話をかけやすい場所やシチュエーションを考える。待ち合わせ場所などを伝えるときは、その場所を確認。
How どのように	仕事の進め方などを伝える必要があれば、あらかじめ確認。
How many いくつ	数量を伝える必要があれば、あらかじめ確認。
How much いくらで	金額を伝える必要があれば、あらかじめ確認。

● 電話をかけたときの基本（の流れ）

① 取次人が出たら、自分の会社名と名前を伝える。「いつもお世話になっております」の一言を忘れずに。

私、ビギナー商事のタナカと申します。いつもお世話になっております

ゆっくりとわかりやすく

② 目的の相手の名前を伝える。「クッション言葉」を添えることと、名指し人を「役職名（肩書）＋名前＋敬称（様や先生）」で呼ぶこと、「お取り次ぎ願えますか？」とお願い口調にすることに注意。

恐れ入りますが、製造部のヤマダ様へお取り次ぎ願えますか？

クッション言葉

役職名（肩書）
＋
名前
＋
敬称（様や先生）

③ 名指し人につながったら、あらためて名前を伝える。また、先方の時間に割り込むことになるので、最初に都合を伺う。

ビギナー商事のタナカです。いつもお世話になっております。今、お話しさせていただいてもよろしいでしょうか？

or

ビギナー商事のタナカです。いつもお世話になっております。今、お時間よろしいでしょうか？

④ 名指し人が不在だったときは、取次人に伝言を残してもらう。相手がメモを準備できるだけの間を空けてから、電話番号など必要な情報を伝える。電話番号は市外局番から伝えたほうが、メモを取りやすい。

固定電話からかけていた場合	携帯電話からかけていた場合

私の電話番号をお伝えします。東京03の……

携帯電話の番号ですが、お伝えします……

⑤ 相手の都合も考えて、要件が終わったらお礼を伝え挨拶をして切るように。電話はかけた側から切るのが基本なので、あなたから最後の挨拶を切り出してOK。遠慮していつまでも切らなかったら、かえって迷惑になる。

失礼いたします

まだかな……

いやいや〜

⑥ 最後の挨拶を終えたら、心の中で3つ数えてから、指でフックを押さえて、受話器を置く。先に指でフックを押さえることで、「ガチャン」といった音を出さずに済む。原則として、かけたほうが先に切るが、相手が目上の人やお客様、取引先の人であれば、先方が切るのを待ってから切るほうがよい場合もある。

ポチッ

第4章 社会人に求められる「電話応対」の基本

呼び出し音が鳴っても、焦らなくて大丈夫！

19 電話応対の基本【受けるとき】

> **チェックポイント**
> ❶ 受けるときも、事前の準備が重要
> ❷ 電話が鳴ったら、2コール以内に出る
> ❸ 電話相手への「感謝の気持ち」を持つ

電話が得意ですか？　苦手ですか？

　最近の新入社員には、電話に出たがらない人も少なくありません。「誰からかかってくるかわからない」「失礼なことをして怒らせたらどうしよう」「自分あての電話とは限らない」「どうせ誰かが出るだろう」といった気持ちが絡み合って、尻込みしてしまうのかもしれません。

　しかし、電話応対は仕事の一部です。電話は「第二の受付」「営業の窓口」としても大切なこと。社会人である以上、正しい電話の受け方もしっかりマスターしましょう。

▶電話を受けるときの不安をなくすコツ

● **第一声は「ソ」**

　電話の第一声は、ドレミファソラシドの「ソ」の音がベスト。快活でやる気を感じさせます。日頃から意識して明るい声を出すレッスンをしましょう。

● **筆記用具を準備**

　手元にペンやメモがないと、電話が鳴ったときに慌てます。普段から用意しておき、電話を受けると同時に利き手でペンを持ちましょう。

● **微笑みと声は連動**

　声だけのコミュニケーションでも、自然と表情は伝わります。声にも表情があるのです。相手を思いやる気持ちで微笑みながら、声のトーンもよくします。

● かかってきた電話を受ける場合

忙しいときでも電話が鳴ったら、即座に作業を中断して、ペンとメモを取って電話に出ます。

ビジネスシーンの電話では、「もしもし」は使いません。「もしもし」は「もの申す（申す申す）」から派生した言葉で、目上の人が目下の人に使う言葉だったからです。

また、「わかりました」というときは「かしこまりました」といいます。「わかりました」は敬語ではないので使いません。

❶ 電話が鳴ったら、1〜2コール以内に出ることを心がける。第一声は、以下の通り。

> 1〜2コール／
> 朝10時半までの電話
> 　　おはようございます

> 1〜2コール／
> それ以外の時間帯
> 　　はい

1〜2コール以内に出られなかった場合、時間帯と無関係に、第一声を次のように変える。

> 3〜4コール
> 　　お待たせいたしました

> 5コール以上
> 　　大変お待たせいたしました

❷ 会社名を名乗る。

> はい！
> ビギナー商事営業部です

❸ 電話相手が名乗ったら、会社名と名前を復唱確認。以後はできるだけ、名前で呼びかける。「あなた様」「そちら様」といった言い方より、相手が特別な印象を得られるため。

> ベテラン株式会社の
> スズキ様で
> いらっしゃいますね

電話相手が名乗らなかったり、会社名を言わなかったときは、次のように促す。いずれも相手を責めるような失礼な口調にならないように。

> 電話相手が
> 名乗らなかった場合
>
> 大変恐れ入りますが、
> 御社名とお名前を
> 伺ってもよろしいでしょうか

> 電話相手が名前だけを
> 言って、会社名を
> 言わなかった場合
>
> スズキ様、差し支えなければ、
> 御社名を伺っても
> よろしいでしょうか

第4章　社会人に求められる「電話応対」の基本

④ 日頃のお礼の挨拶を伝える。お礼を述べるときは、受話器を持ったまま頭を下げることで、気持ちが伝わる。

> いつもお世話になっており、ありがとうございます

⑤ 電話相手の用件を伺うとともに、名指し人が誰かを確認する。名指し人を教えてもらったら、すぐに復唱確認。なお、社内の人は「身内」なので、社外の人の前では呼び捨て。敬語も使わないし、役職は名前の前に。

> 営業部 部長の
> サトウでございますね。
> 少々お待ちいただけますか

⑥ 保留ボタンを押してから、転送機能で名指し人を呼び出す。受話器口を手で押さえて、大声で名前を呼ぶのは厳禁！

> サトウさ〜ん!!

⑦ 名指し人が不在だった場合、再び受話器を取り、電話相手に報告。「待たせたことへのお詫び＋取り次げないことへのお詫び＋取り次げない理由＋連絡がつくタイミング」を伝える。

> お待たせいたしました。
> 大変申し訳ございません。
> ただ今サトウは
> 外出中でございまして、
> 16時頃に戻って参る
> 予定でございます

⑧ 今後の対策を提案。決定権を電話相手に委ねる言い方で。

> サトウが戻って参りましたら、
> こちらからスズキ様へ
> お電話を差し上げますが、
> ご都合はいかがでしょうか

⑨ 電話相手が納得してくれたら、電話番号を確認。名指し人とつき合いが長いことを知っていても、「念のために」というクッション言葉を添えて確認すること。

> はい。かしこまりました。
> それでは念のために、
> スズキ様のお電話番号を
> 伺っても
> よろしいでしょうか

⑩ 電話相手が電話番号を口にしてくれたら、オウム返しで復唱。すべての電話番号をまとめて復唱するより、市外局番で一度、次の2〜4桁で一度、残りで一度と区切ったほうが、電話相手も確認しやすい。

> それでは復唱させて
> いただきます。
> 東京03の……

⑪ 電話番号をおっしゃってくださったこと、また、こちらの復唱を確認してくださったことに対して、感謝の言葉を伝える。

> ありがとうございます

⑫ 電話があったことを名指し人に伝える確約をするとともに、あなたの名前も伝える。こうすることで、電話相手は安心できる。

> それでは、
> サトウが戻りましたら、
> 必ずスズキ様へ
> 電話をするように申し伝えます。
> お電話を受けました、
> 私、タナカと申します

⑬ 電話は「かけてきた側から切る」が原則なので、電話相手が切るのを待つ。相手が切ったことを確認してから、ゆっくりと受話器を戻す。

第4章 社会人に求められる「電話応対」の基本

名指し人に伝えるまでが電話応対

20 電話伝言メモの残し方

> **チェックポイント**
>
> ❶ 「電話伝言メモ」は名指し人のデスクに
> ❷ 用件を「5W3H」で簡潔にまとめる
> ❸ メモ作成を念頭に、電話を受ける

電話があったことを伝えるまでが応対

　マナーを守った電話応対ができたからといって、それで終わりではありません。別の人にかかってきた電話を、代理で受けただけなのですから、名指し人に電話があったことを伝えて初めて、電話応対が終わったといえます。

　ここで活用したいのが「電話伝言メモ」です。「誰から」「いつ」「どのような用件」で電話がかかってきたのかをメモに記し、名指し人のデスクの目立つところに置きます。情報が正しく伝わり、伝え忘れの危険もなくなります。

▶ **電話を受けながら、正確にメモを取るコツ**

● **ペンは利き手側**

　電話がかかってきたら、すぐにペンを利き手に持ちます。普段から右利きの人は右側に、左利きの人は左側に、ペンを置いておくとよいでしょう。メモ帳もペンのすぐ近くに。

● **受話器は反対側**

　電話機はペンと反対側に。電話がかかってきたときも、利き手と反対の手で受けることを習慣に。利き手で受けてしまうと、メモを取るとき、受話器を持ち替えなくてはなりません。

▶「電話伝言メモ」の基本的な書き方

　会社や部署によっては、「電話伝言メモ」のフォーマットが決まっているかもしれません。その場合は、既存のフォーマットを使いましょう。

　会社で書式が決まっていない場合は、自分流のフォーマットを決めることをオススメします。どこに何を書くかが決まっていれば、必要な情報をメモに残しやすくなります。以下のことに気をつけて、読みやすいメモを残しましょう。

「日付」 「かかってきた時間」を書く	「会社名」「部署名」 「相手の名前」を書く
用件を「5W3H」でわかりやすく、 見やすく	「受信者（＝あなた）」 の名前を書く

● 電話伝言メモサンプル

　電話を受けた段階から、メモを取ることを想定していると、わかりやすいメモが残せるようになります。特に金額、日時、電話番号など、数字の間違いは厳禁です。必ず復唱確認しましょう。
　書き終わったメモは、名指し人のデスクに置きます。風で飛んでいったりしないように、重しを上に置いたりパソコンに貼るなど工夫して、本人の目につきやすいところに置きます。本人が席に戻ったら、「留守中にお電話がありました。メモを置いてありますのでご確認お願いいたします」など口頭でも伝えたり、場合によってはメールで報告をするとよいでしょう。

21 携帯電話、スマートフォンのマナー

気軽に使っていると、思わぬトラブルが…

> **チェックポイント**
> ① ビジネス電話は固定電話が基本
> ② 携帯電話特有のマナーを知っておく
> ③ 会議中・打ち合わせ中は特に注意

ビジネスシーンでも活用されているが…

あなたもプライベートでは、固定電話にかける機会よりも、携帯電話やスマートフォンにかける機会のほうが多くなっているかもしれません。ビジネスシーンでも携帯電話やスマートフォンは、不可欠なツールとなっています。しかしながら、ビジネス上の連絡は、固定電話同士が主流です。仕事におけるつき合いは、会社対会社で行われているからです。携帯電話やスマートフォンはあくまでも、緊急手段であることを理解しましょう。

▶ 携帯電話やスマートフォンを使っても許される状況

● **緊急時**
トラブル発生時や期日が迫っているなど、すぐに連絡をつけないと困るときは、携帯電話にかけても許されます。

● **相手の要望**
固定電話より携帯電話を好む人もいます。相手から「連絡は携帯に」と言われていたら、指示に従いましょう。

● **外回り中**
相手が外回りの仕事で、オフィスにかけてもほとんど不在の人には携帯電話にかける機会が増えます。

▶ビジネスシーンでの携帯電話・スマートフォンのマナー

● かける前には、必ず電波を確認

　ビルの地下など、電波が届きにくい場所で携帯電話を使うと、相手はうまく聞き取れません。何度も途切れる危険性もあり、電話相手によっては、不快に感じる人もいるでしょう。
　このような事態を避けるためにも、発信前に電波を確認します。アンテナが立っていなければ、電波の強い場所に移動しましょう。
　電話がかかってきたときも、出る前に電波の状況をチェック。相手をお待たせしないためにもすぐ出て、電波状況のよい場所に移動する配慮が必要です。

● 通話は静かな場所で

　人ごみの中や大通りなど、騒音が激しい場所からかけた場合も、会話が思い通りに進みません。このような状況も電話相手に不快な思いをさせてしまいます。
　電話をかけようとして周囲が騒がしかったら、静かな場所に移動します。逆に、騒音の激しい場所で電話を受けたら、そのことを相手に断ります。

> 申し訳ございません。場所を移動して、すぐにかけ直してもよろしいでしょうか

　ここでいったん電話を切って、静かなところからかけ直します。電話がつながったら、最初にかけ直したことをお詫びします。

> 先ほどは失礼しました

　相手を待たせることになってしまいますが、騒音の激しい場所で通じない会話をするよりは、相手を不快な思いにさせないで済みます。

● 必ずメモを用意

　ビジネスのやり取りは携帯電話であっても、メモを残すことが当たり前。あなたから電話をかけるときは、あらかじめ筆記用具を用意して、メモを取りやすい場所を探しましょう。
　相手から電話を受けた場合も、すぐにペンとメモを取り出します。メモとペンはカバンの、すぐに取り出せる場所に。

● 相手の都合を確認

　相手の携帯電話に連絡したときは、最初に相手の都合を確認します。

　相手は会議室や電車の中など、通話しづらい場所にいるかもしれません。次の予定が押し迫っている可能性もあります。
　一方的に話し始めるのではなく、必ず相手の都合を伺いましょう。社会人としての心配りです。

● 伝える用件は連絡事項のみにとどめる

　携帯電話での会話は、誰に聞かれているかわかりません。あなたがオフィスの中で話していても、相手は人ごみにいるかもしれないのです。
　どちらかが携帯電話の場合、企画内容や金銭にまつわることなど、重要な話題は避けるのがマナー。取り急ぎの連絡事項だけを伝えましょう。携帯電話はあくまでも、緊急時の連絡用なのです。

携帯電話へのメッセージの残し方

　オフィスの固定電話にかける場合に比べると、携帯電話はつながらないことがあります。たとえつながったとしても、留守番電話というケースは少なくありません。

　留守番電話につながったときは、「社名」「あなたの名前」「用件」「折り返しの必要の有無」などを、メッセージとして残しましょう。ただし、次のようなメッセージはNGです。

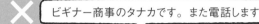

✕　ビギナー商事のタナカです。また電話します

　このメッセージがNGになってしまう理由は、相手にとって無意味な情報だからです。再び電話をすることだけを伝えられても、相手は何もできません。メッセージに残す必要はないわけです。

　再び電話をする予定なら、せめて簡単な内容とタイミングを伝えましょう。

○　ビギナー商事のタナカです。いつも大変お世話になっております。15時頃にまたあらためて、ご連絡差し上げます。失礼いたします

　また、次のようなメッセージを残すこともよくありません。

✕　ビギナー商事のタナカです。折り返し電話をください

　こちらは「折り返し電話をください」がNGの理由です。こうしたお願いの仕方は、相手に指示・命令をしていることになります。折り返しの電話をお願いするのであれば、マナーのある次のような言い方をしましょう。最上級の丁寧さで、相手にお願いをします。

○　ビギナー商事のタナカです。いつも大変お世話になっております。また、こちらからもおかけいたしますが、何分緊急な用件でございますので、可能でございましたら、大変恐縮で申し訳ございませんが、お手すきの際にご一報いただけますと大変ありがたく存じます

　留守番電話のメッセージをチェックするだけでも、相手は時間と労力を要します。場合によっては、わずかながら電話料金が発生するのです。そのことに申し訳なさを感じていたら、メッセージの残し方も考えるのがマナー。「それくらいの時間や手間を、気にするほうがおかしい」と思う気持ちもわかりますが、「それくらいのこと」まで思いやるのが社会人としての真の心です。言葉足らずより言葉多しのほうがよい場合もあります。

▶会議中や打ち合わせ中に、電話がかかってきたら…

　大切な会議や取引先との打ち合わせでは、あらかじめ携帯電話の電源を切っておくのがマナー。いきなり電話が鳴りだしたら、ほかの参加者に不快な思いをさせてしまうからです。
　とはいえ、仕事をしている以上、緊急の用件が発生する場面もあります。そのための電話を無視はできません。
　円滑に会議や打ち合わせを進めるために、次のことを心がけましょう。

● 事前に「出られない」と連絡しておく

　あなたが緊急の用件を抱えていて、打ち合わせをしている時間帯に、その関係者が携帯電話に連絡してくるかもしれない──。
　そうした状況にもかかわらず、あなたが「打ち合わせ中だから」と携帯電話をオフにしていたら、かけてきた相手はどう思うでしょうか?

　相手はおそらく、不快に思うでしょう。少なくとも「早く伝えなくてはいけないのに、どうしよう」と、焦りを感じてしまうはずです。
　このような事態を避けるためにも、電話に出られない時間帯に連絡がありそうなときは、相手に事前に連絡を入れておきましょう。

> 今日は14時から15時30分まで、打ち合わせをしていますので、この時間帯は電話に出られない可能性があります

　電話のつながらない時間帯があるとわかっていれば、たとえ電源を切っていたとしても、相手は納得してくれます。「何時まで」というゴールがわかっていれば、それだけで不安は軽くなるものです。
　打ち合わせなどが終わり、電話をかけられるようになったら、すぐに着信と留守番電話をチェック。メッセージなどが残っていたら、ただちに折り返しの電話をかけます。

> 先ほどはお電話に出られず、大変失礼をしました

　これなら相手も納得すると同時に、呼び出し音で打ち合わせの邪魔をしないで済みます。

● その場にいる人たちに許可をもらっておく

あまりに緊急であったり、重要な用件だと、たとえ打ち合わせ中であっても、携帯電話の電源を切ることができないケースもあるでしょう。だからといって、呼び出し音が鳴り、すぐに出て話し始めたら、打ち合わせの参加者に失礼です。「自分たちとの打ち合わせより、電話の相手のほうが大切なんだ」と感じてしまうわけですね。このような事態を避けるためには、打ち合わせが始まる前に参加者に、次のように伝え、承諾をもらっておくとよいでしょう。

> 大変申し訳ございませんが、もしかすると打ち合わせ中に1件、緊急の電話が入る可能性があります。
> そのときは大変失礼をしますが、電話に出てもよろしいでしょうか

場所に応じた携帯電話のマナー

● マナーモードにする場所

- 電車やバスの車内 ── 降りてから、かけ直す。
- 車の運転中 ──── 運転中の使用は法律で禁止。話すときは駐車場で。
- レストラン、カフェ ── 周りで食事を楽しんでいる人の迷惑になるので、話すときは廊下か外に出る。

● 電源をオフにする場所

- 電車やバスの
  優先席付近 ──── 補聴器やペースメーカーを使っている人に影響を及ぼす可能性もあるため、電源を切る。
- 航空機内 ───── 微妙な信号を取り扱う電子機器が使われているため、誤作動の原因になる可能性がゼロではない。
- 病院内 ────── 医用電気機器が動いている上、医用電気機器を装着した患者の方が廊下を歩くこともある。携帯電話の電波が影響を与えないように、電源を切る。
- 映画館、コンサート会場、
  美術館、図書館 ── 静かな場所では、些細な音でも迷惑になる。外に出るまで電源を切る。

携帯電話のマナーのQ&A

Q いただいた名刺に携帯番号が書かれていたら、いつでもかけて大丈夫?

A 名刺に携帯電話の番号があっても、先方から「携帯電話に連絡して」と言われない限り、まずは会社の電話番号にかけましょう。
会社に連絡したもののその人が不在で、かつ緊急の用件がある場合でも、黙ってかけるのは失礼に当たります。取り次いでくれた先方の会社の人に、「○○さんの携帯電話にかけてもよろしいでしょうか」と伺いを立てた上でかけるのがマナーです。携帯電話にかけてもいいのか、会社の人に確認するわけです。

Q 携帯電話にメールを送る場合にも、マナーはありますか?

A まず大切なことは、送信する時間帯。早朝深夜は避けて、ビジネスオンタイムの8時30分〜21時までにしましょう。深夜に送ると、呼び出し音で迷惑をかけてしまう危険があるからです。また、迷惑メールと間違われないように、件名には必ず、あなたの会社名と名前を記載しましょう。相手を安心させることにもつながります。携帯電話に送るメールは、パソコンへのメールより文章をコンパクトにまとめましょう。

社会人なら、一度くらいは直面するもの

22 クレーム電話の応対

> **チェックポイント**
> ❶ 「売り言葉に買い言葉」は厳禁。冷静に
> ❷ 「相手中心」で、話に耳を傾ける
> ❸ 困ったときは、上司に相談

繰り返し電話に出ていれば、出会って当たり前

　社会人として仕事をしていれば、クレーム電話を受ける機会もあるかもしれません。

　消費者の1人として、まっとうな意見を言ってくれるお客様もいらっしゃいます。そのような意見は、むしろありがたいことです。どれだけ厳しい言葉であっても、熱心に耳を傾けましょう。

　しかし、中には悪質なクレームや無理難題を押しつけてくる人たちもいます。こうした電話に対しても、マナーの心で応対すれば、win-winの結果を生み出せます。

▶クレーム電話への応対で、絶対に守るべき心がけ

● **対抗しない**

　どんなにお客様が怒っていたり、ひどい言葉を投げかけてきても、あなたは常に感じのよい声で応対しましょう。「売り言葉に買い言葉」は、最悪の結果をもたらします。

● **批判しない**

　お客様の言い分に筋が通らないことがあっても、そのことを批判するのは逆効果。お客様を感情的にしてしまったら、どれだけ冷静に説明しても、話がまとまりません。

▶ マナーの基本である「相手中心」の立場で

これまでも何度かお話ししてきましたが、マナーは「相手中心」で考えることが基本です。クレーム対応においても、お客様の立場に立って考えてみることです。それにより、新たな発見があるかもしれません。

たとえば、あなたが激しい怒りを感じたとき、言ってもらいたい言葉は何でしょうか？

クレームの電話をかけてきたお客様は、きっとお詫びの言葉が聞きたいはずです。電話を受けたら、お詫びの気持ちを伝えましょう。

ただし、最初に口にするお詫びとは、クレームそのものに対するものではありません。どのような理由であれ、お客様を不快にさせて、電話までかけさせてしまったことへのお詫びです。

この気持ちを持って接していれば、冷静さも保ちやすくなります。実際に口にする言葉は、次のようなものがいいでしょう。

クレーム対応の基本は、相手の言葉を認めることです。実際、お客様のクレームに耳を傾けていると、明らかに会社側のミスという場合もあります。そうしたときは、会社の一員として、真摯にお詫びをします。

一方で、お客様の誤解や勘違いだったり、最初から不当な要求目当てということもあります。こうした人たちに振り回されないように、ビジネスマナーを守りつつも、言い回しには注意を払いましょう。

最初から「申し訳ございません！ 申し訳ございません！」と平謝りをしてしまうと、言葉尻を捉えて、不当な要求をしてくる消費者もいるかもしれません。

▶ クレーム内容を確認して、対処法を提案

クレームの電話を受けたときは、「さっさと切り上げたいなあ」などと思ってはいけません。
あなたが思っていることは、必ず声や言い回しに表れます。お客様は敏感に察して、なおさら感情を高ぶらせることでしょう。

まずは、じっくりと話を聞くこと。真摯に耳を傾けていれば、お客様がどうして怒っているのか、何を望んでいるのかがわかってきます。
そうして概要がわかってきたら、お客様にクレーム内容の確認をします。

弊社の商品を購入したら、3日ほどで壊れてしまったということでございますね

ここで間違った理解をしていたら、お客様の満足する対応ができません。場合によっては、さらに感情的にさせてしまいます。相手の意見はその都度、復唱確認をしましょう。
クレームの内容が確認できたら、対処法を提案します。

新品とお取り替えしようと思うのですが、いかがでしょうか

会社側の対処法としては、代替品の用意、割引、技術者の派遣などといった対応が考えられます。いずれを提案する場合でも、「いかがでしょうか」と、お客様に選んでもらう姿勢を示すことが大切です。ここでもあなたが、「これで満足するだろう」といった意識を持っていると、そのことが言葉や声の表情に表れます。お詫びや対処法の提案は、お客様のプライドを逆なでしないように、誠実に行いましょう。

▶ 納得してもらえないときは、上司に相談

あなたの手に余ると思ったときは、素直に上司に助けを求めましょう。
ストレートに「上司と相談をしてからかけ直します」といった言い方をしてしまうと、責任逃れをしているように受け取られます。
上司に相談するときは、次のような言い方でうかがいます。

> 担当の者から折り返しお電話させていただいても、よろしいでしょうか

　この言い方は「担当のより詳しい人間が応対する」ということですから、納得してもらえる可能性が高まります。電話を切ることで、クレーム内容や経緯を上司に伝えて、相談する時間も確保できます。
　また、一度電話を切ることで、冷却期間が確保できます。
　電話口で激怒していたお客様も、電話を切って1人になると、気持ちが落ち着いてくるかもしれません。折り返し電話をかけたら、打って変わって、静かな口調になっていることもあるものです。
　いずれにしても、お客様が冷静になってくれたら、問題解決に大きく近づきます。

▶問題が解決してからの「最後の一言」が大切

　無事にお客様が納得してくれて、問題が解決しました。そのときは次のように告げてから、お客様が受話器を置くのを待って、電話を切りましょう。

> 申し訳ございませんでした。どうぞ今後とも、弊社をよろしくお願い申し上げます

　最後に「どうぞ今後とも、弊社をよろしくお願い申し上げます」と添えるのは、会社のPRが目的ではありません。「いただいた言葉を次につなげます」との決意の表れです。
　多くの謝罪会見が、消費者を納得させられないのは、「謝ったら終わり」といった姿勢が感じ取れるからです。そのような考え方でクレーム対応をしていても、お客様の心には響きません。
　クレームには筋の通ったものもたくさんあります。お客様の要望を正しく聞き出し、取り入れることで、会社は成長していきます。そこで働いているあなたも、一人前に近づいていくことでしょう。

第 5 章

社会人に求められる「敬語」の基本

相手に対する「敬意」を表す言葉

23 敬語の基本

> **チェックポイント**
> ❶ 「尊敬語」「謙譲語」など5つの型を覚える
> ❷ 「相手を敬う気持ち」を表すことが大切
> ❸ 自分と相手との関係性に意識を向ける

多種多様な人たちとつき合うための武器

　社会人になると、年齢も考え方も立場も異なる人たちと、コミュニケーションを取る必要が出てきます。適切な敬語を用いることで、周囲の人たちと良好なコミュニケーションを取りながら、仕事を円滑に進められます。

▶ 敬語の「5つの型」

● **尊敬語**

　目上の方の動作を高め、相手を敬う気持ちを表す言葉。主語は相手で、3つの種類があります。

● **謙譲語Ⅰ**(伺う・申し上げる型)

　自分から相手側を立てて、その相手に向かう行為について述べる言葉です。

● **謙譲語Ⅱ**(参る・申す型)

　自分の行為を相手に対して丁寧に表す言葉です。

● **丁寧語**

　状態や事柄、文章の相手などに対し、「です」「ます」「ございます」をつけ、丁寧に表現する言葉です。

● **美化語**

　水を「お水」と言ったり、料理を「お料理」とするなど、ものごとを美化するときに使います。

▶尊敬語

敬意を表したい相手の行動、状態、物事を高めて表現し、敬う気持ちを表す言葉。「お客様が」「部長が」といった具合に、相手を主語にして考えるとわかりやすいでしょう。

尊敬語への言い換え表現は、3つのパターンに分けることができます。

言葉 そのものが 変わる。	お客様が言う ➡ お客様がおっしゃる 社長が見る ➡ 社長がご覧になる	
言葉の前後に 「お〜になる」 「ご〜になる」 をつける。	先生が話す ➡ 先生がお話しになる お客様が参加する ➡ お客様がご参加になる	
語尾に 「れる」「られる」 をつける。	部長が荷物を持つ ➡ 部長が荷物を持たれる お客様が商品を受け取る ➡ お客様が商品を受け取られる	

▶謙譲語Ⅰ（伺う・申し上げる型）

自分の行動、状態、物事をへりくだって表現し、結果として相手を高める言葉。自分側を下げるわけですから、必然的に「私」が主語となります。

言葉 そのものが 変わる。	お客様に会う ➡ お客様にお目にかかる お昼ごはんを食べる ➡ お昼ごはんをいただく	
言葉の前後に 「お〜する」 「ご〜する」 をつける。	お客様に届ける ➡ お客様にお届けする 先生を案内する ➡ 先生をご案内する	

第5章 社会人に求められる「敬語」の基本

▶ 謙譲語Ⅱ（参る・申す型）

謙譲語Ⅰと謙譲語Ⅱは、「敬うべき動作の対象」によって区別されます。

謙譲語Ⅰ（伺う・申し上げる型）

敬うべき動作の対象が相手本人である場合の謙譲語。

謙譲語Ⅱ（参る・申す型）

敬うべき動作の対象が本人ではない場合の謙譲語。丁寧に報告するときなどに使う。

社長に申し上げる
お客様をご案内する

食事に参りました
母に申し伝えます

▶ 丁寧語

丁寧な言葉遣いにすることで、相手に対して敬意を示す言い方。基本的には、語尾に「〜です」「〜ます」「〜ございます」をつけます。

語尾に「〜です」「〜ます」「〜ございます」をつける。	会議は10時から<u>だ</u> ➡ 会議は10時<u>からです</u>
	駅から約200メートル<u>歩く</u> ➡ 駅から約200メートル<u>歩きます</u>
	本日は<u>ありがとう</u> ➡ 本日は<u>ありがとうございます</u>

敬語には「相手との距離感を調整する」という側面もあります。さまざまな立場の人と接していると、相手との距離の取り方も重要になってきます。

▶ 美化語について

言葉の頭に「お」や「ご」をつける言い換え表現は、「美化語」と呼ばれる場合があります。この場合、丁寧語とは別の敬語の一種となります。また、頭に「お」をつけるか「ご」をつけるかには、一定の法則があります。つけないことが正しい言葉もありますので、注意が必要です。やたらに「お」や「ご」つけると、かえって変な言葉になってしまうことがあります。

「お」訓読みの和語につける。	住まい ➡ お住まい	名前 ➡ お名前
「ご」音読みの漢語につける。	住所 ➡ ご住所	氏名 ➡ ご氏名

「お」や「ご」をつけない言葉

外来語	公共のものや施設	果物
おテーブル おテレビ	お公園 お学校	お梨 おイチゴ

役職や職業	自然現象	悪い意味にとられる言葉
お社長 お先生	ご台風 お雨 お雪	ご離婚 ご失敗 ご頭痛

あっ！お雪が降ってきました

第5章 社会人に求められる「敬語」の基本

▶よく使われる敬語表現

普通の言い方	尊敬語	謙譲語	丁寧語
会う	お会いになる	お目にかかる	会います
言う	おっしゃる	申す	言います
行く	いらっしゃる	伺う、参る	行きます
来る	いらっしゃる お越しになる	伺う、参る	来ます
いる	いらっしゃる	おる	います
聞く	お聞きになる お耳に入る	伺う 拝聴する	聞きます
見る	ご覧になる	拝見する	見ます
する	される、なさる	いたす	します
食べる	召し上がる	いただく	食べます
着る	お召しになる	着る	着ます
与える	くださる	差し上げる	与えます
もらう	お受けになる	頂く、頂戴する たまわる	もらいます
帰る	お帰りになる	失礼する	帰ります
知っている	ご存じである	存じている 存じ上げる	知っています
思う	お思いになる お考えになる	存じる	思います

▶名詞の尊敬語と謙譲語

名詞	尊敬語	謙譲語
会社	御社、貴社	弊社、当社
団体	貴会	小会
店舗	貴店	当店
担当者	ご担当者様、ご担当の方	担当の者
同行者	お連れ様	連れの者

▶仕事でよく使う言葉

普段遣いの言葉	ビジネスシーンで使う言葉
あっち、こっち	あちら、こちら
そっち、どっち	そちら、どちら
さっき	先ほど
今	ただ今
後で	後ほど
もうすぐ	間もなく
ちょっと	少々
すごく	とても
段々と	次第に
すみません	申し訳ありません 申し訳ございません

普段遣いの言葉	ビジネスシーンで使う言葉
わかりました	かしこまりました
いいですか	よろしいでしょうか
どうですか	いかがでしょうか
わかりません	わかりかねます
できません	いたしかねます
おととい	一昨日（いっさくじつ）
きのう	昨日（さくじつ）
今日	本日（ほんじつ）
あした	明日（みょうにち）
あさって	明後日（みょうごにち）

第5章 社会人に求められる「敬語」の基本

099

気づかずに使ってはいませんか？

24 間違えやすい敬語

> **チェックポイント**
>
> ❶ 敬語のミスにはパターンがある
> ❷ よくある「二重敬語」と「身内敬語」
> ❸ 「アルバイト言葉」は軽く見られがち

新人時代ならミスも許されるけれど…

　社会人になると日常的に敬語を使用するため、初めは戸惑うことも多いでしょう。「きちんと礼儀正しく話さなくちゃ……」というプレッシャーから、不自然な敬語になってしまうケースも珍しくありません。
　敬語の使い方に多少の問題があっても、対面では真摯な気持ちがこもっていれば、敬う気持ちは伝わります。どんなに気持ちはあっても、電話や手紙、メールなどでは正しい敬語をつかわなければ、伝わるものも伝わりません。相手に不快感を与えない、社会人言葉を身につけましょう。

▶若い人に特有の「アルバイト言葉」

　コンビニなどのレジでお金を渡したとき、「1000円からお預かりします」、「以上でよろしかったでしょうか」といった言い回しをよく耳にします。いずれも若い店員さんに多い印象です。
　これらの表現は、言葉としても敬語としてもNGです。あまりに使っている人が多いため、受け入れられる場面もありますが、仕事中は使わないようにしましょう。詳しくは105ページでご説明します。

▶ 起こりやすい敬語のミス

● 二重敬語

　1つの言葉には1つの敬語が原則。2つ以上が重なると使いすぎです。敬語はスッキリ、シンプルに使いましょう。

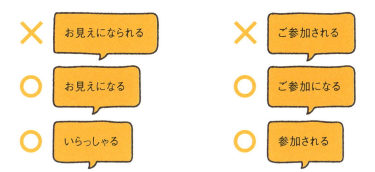

　すでに敬語が使われているのに、さらに「お」をつけて、二重敬語になるケースもあります。この間違いは、言葉自体が変わる尊敬表現に、「お」をつけたり、「れる」「られる」をつけてしまうケースによく見られます。
　たとえば、以下の2つの例文は、「召し上がる」「おっしゃる」だけで、尊敬語として成立しています。そこに「お」や「られる」をつけてしまったので、二重敬語になっています。

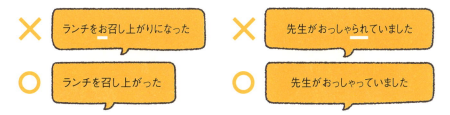

　似たようなパターンに、次のようなものもあります。こちらは「する」の尊敬語「なさる」に「れる」をつけることで、二重敬語になっています。

● 尊敬語と謙譲語を間違える

　敬語のミスには、尊敬語と謙譲語Ⅰ・謙譲語Ⅱを間違えるパターンもよくあります。敬意を表したい相手に謙譲語を使ったり、自分に尊敬語を使ってしまう間違いをおかしがちです。
　たとえば、上司や社外の人やお客様には、尊敬語である「なさいます」「いらっしゃいます」などを用います。謙譲語の「いたします」「ございます」を使うのは間違いとなります。

　また、コーヒーなどの物に対して、尊敬語は使いません。にもかかわらず、「いらっしゃいますね」などを使ってしまう人もいます。

● 身内敬語

　社内の人に対してなのか、社外の人に対してなのかによって、敬語の使い方は異なります。あなたにとって上司は目上であり、普段は迷わず敬語を使うべき存在です。しかし、そこにお客様など、社外の人が同席している場合は話は別です。社外の人に対しては、たとえ上司であっても、尊敬語は使いません。敬語は、同じ人を指す場合でも、誰に対して使うかによって、使う言葉が変化します。

　社外の人の前で、上司に敬語を使わないことを、上司に対して失礼だと思うことは不要です。

同僚に話すとき
サトウ部長は、10時にいらっしゃいます

お客様と話すとき
部長のサトウは、10時に参ります

　社外の人と接する際は、役職の言い方にも気をつけましょう。「部長」や「課長」などの役職名は敬称であり、尊敬の意味を持つ敬語の一種です。社外の人に対して自社の部長を指すときは、「タナカ部長」ではなく「部長のタナカ」あるいは「タナカ」と表現します。

　また、敬称に「様」をつけると二重敬語になります。他社の部長を指すときは「サトウ部長様」ではなく、「サトウ部長」「部長のサトウ様」と表現します。

お客様に自分の上司を指して
申し訳ございません。あいにく（部長の）タナカは、席を外しております

社外の役職者を呼ぶとき
部長のサトウ様はいらっしゃいますでしょうか

第5章　社会人に求められる「敬語」の基本

▶ 混同しやすい敬語

挨拶などで頻繁に使われる「お世話様」は、目上の人が目下の人に向かって用いる言葉。上司や社外の人には使いません。

× お世話様です

○ お世話になっております

同じく「ご苦労様」も、目上の人から目下の人に使用するねぎらいの言葉。「お疲れ様」なら、どちらにも使えます。

× ご苦労様です

○ お疲れ様です

人を知っているときは「存じ上げる」を、物や場所などを知っているときは、「存じる」を用います。

× 御社のヤマダ様を存じています

○ 御社の社長のヤマダ様を存じ上げています

× 御社の場所を存じ上げています

○ 御社の場所を存じています

相手の在・不在をたずねるとき「おられますか?」はNGです。「おる」は「いる」の謙譲語ですから、「私はこちらにおります」などのように、自分側の行為に使います。

そもそも謙譲語の「おる」に、尊敬語の助動詞「られる」をつけることが間違いです。正しくは、「いる」の尊敬語「いらっしゃる」を用います。

× サトウ様はおられますか

○ サトウ様はいらっしゃいますか

▶若者特有の「アルバイト言葉」に要注意

●「〜から」はNG

この使い方は頻繁に耳にします。「から」は必要のない言葉です。広く使われているからといって、NGであることに違いはありません。

× 1000円からお預かりします

○ 1000円お預かりします

●「〜でよろしかったでしょうか」はNG

この言い方も「〜でよろしいでしょうか」というのが正解。過去形にする必要はありません。

× 以上でよろしかったでしょうか

○ 以上でよろしいでしょうか

●「〜のほう」はNG

「〜のほう」は、比べるものがあるときに使う言葉です。何もないのに使うのは、耳障りなだけです。

比べるものがないときは、「ほう」をつける必要はありません。

× 先ほど、皆様のほうに配布しました、カタログのほうをご覧ください

○ 先ほど、皆様に配布しました、カタログをご覧ください

× 私、タナカのほうが発表します

○ 私、タナカが発表します

× お電話番号のほうを教えていただけますでしょうか

○ お電話番号を教えていただけますでしょうか

第5章 社会人に求められる「敬語」の基本

● 「〜になります」はNG

　「曇りから雨になります」「A会議室からB会議室に変更になります」というように、「〜になります」は変化を表すときに使われる言葉です。

● 「お名前を頂戴できますか」「お名前をいただけますか」はNG

　名前はやり取りするものではありませんから、「頂戴できますか」「いただけますか」は使いません。とても失礼な表現ですので、注意しましょう。

第6章

社会人に求められる
「指示・報告・連絡・相談」
の基本

25 指示の受け方の基本

上司の呼び声は、新しい仕事のスタート

> **チェックポイント**
> ① 仕事は上司からの指示で始まるもの
> ② 無言で指示通りに動くだけでは失敗する
> ③ 矛盾点や疑問点があれば、その場で質問

指示を理解することは、仕事をやり遂げる第一歩

　仕事は上司からの指示に始まり、上司への報告で終わります。指示と報告はセットであり、職場の命令系統の根本といえます。

　上司からの指示を正確に受け取り、その意図を理解することが、仕事をスムーズに進めるための第一歩。

　いずれはあなたも部下を持ち、指示を出す立場になるでしょう。そのときのためにも、正しい指示と報告の仕方を身につけましょう。

▶ **指示の受け方の基本3原則**

呼ばれたら明るい声で「はい」と返事をする	「5W3H」に従って、メモを取る	指示を聞き終えたら、要点を復唱確認

● 呼ばれたら明るい声で「はい」と返事をする

　同じ「はい」という返事でも、暗い表情で小声で「はい」と答えるのと、明るい表情で快活に「はい」と答えるのとでは、受け手の印象がまったく異なります。コミュニケーションは言語以外の要素にも左右されるからです。
　前者は仕方なく返事をしているように、後者はやる気に満ちているように受け取られ、後者の明るい声の返事のほうが評価されます。

　上司に呼ばれたら、すぐに体と顔を向けて、明るい声で「はい」と返事をしましょう。立ち上がったら椅子は机の下に入れて、ペンとメモを片手に上司の元へ向かいます。
　作業に没頭しているときに、上司に名前を呼ばれると、煩わしく感じるかもしれません。しかし、仕事は上司からの指示で始まり、上司への報告で終わるもの。目の前の作業は一時的にストップして、上司の元へと向かうのがビジネスマナーです。

●「5W3H」に従って、メモを取る

　上司の話を聞くときは、メモを持っていくことを忘れずに。言われたことを漫然とメモするのではなく、ポイントをつかむことが大切です。
　ここでも「5W3H」を意識しつつ、メモを取るとよいでしょう。足りない情報や疑問点が明確になり、最後に的確な質問ができます。
　特に「When（期日）」「What（目的）」「Why（理由）」「How（方法）」「How much（値段）」は、仕事の指示では重要となってきます。

When 期日 （いつ、いつまでに）	What 目的 （何を）	Why 理由 （なぜ）	Where 場所 （どこで）
Who 相手 （誰が、誰に）	How 方法 （どのように）	How much 値段 （いくらで）	How many 数量 （いくつ）

　中には「メモなんて取らなくても、一度聞けば覚える」といった人もいるでしょう。アナログなペンとメモより、ICレコーダーやスマートフォンで録音するほうが、効率的と思えるかもしれません。しかし、録音をするときには、相手の許可を得ることがマナーとなります。一方、メモを取ることはそれだけで、熱心に話を聞いていることのアピールにもなります。それを見た上司は安心し、評価をします。なんらかのトラブルが起きたときも、指示を受けたときのメモが残っていたら、「言った」「言わない」のやり取りを回避しやすくなります。上司からの指示をメモに取ることは、あなたにとってもメリットが大きいのです。

● **指示を聞き終えたら、要点を復唱確認**

　指示を聞き終えたら、要点を復唱確認します。理解が間違っていないのかを確認することはとても大切なことです。誤った解釈をしたままで行動をしてしまうと、大きなトラブルを生むこととなり危険です。上司からの情報が不足していたり、疑問点や不明点がある場合も、このときに一緒に質問します。

　ここでわかったふりをして、時間が経ってからたずねるのは NG。「なんで最初に聞かないんだ」と注意されることもあるでしょう。次のポイントを意識しつつ、不安に思うことも含めて復唱確認と質問をしましょう。

| 値段、期日、数量など、数字に関することを確認 | 商品名、人名、社名など、固有名詞を確認 | 指示の結論を確認 |

26 ワンランク上の指示の受け方

1日も早く指示待ち人間から脱皮

> **チェックポイント**
> ① 上司の指示が、明確なものとは限らない
> ② 「途中で質問」「顔を向けない」はNG
> ③ ハードルの高い指示は、成長のきっかけ

指示は素直に受けるものだけれど…

上司からの指示は必ずしも、わかりやすいとは限りません。しっかりとメモを取って聞いているのに、理解できない場合もあるでしょう。

指示を出している上司自身が、仕事の目的を把握できていない可能性もあります。また、直属の上司とは別の人から、指示を出される場面もあります。

このような状況で何も考えず、すべて聞き入れて動いていたら、結局は振り回されて困ってしまうことも。指示に従い、結果に結びつくように、考えながら行動しましょう。

▶一歩進んだ指示の受け方で、トラブルを回避

目的や意図を考えながら聞く	受け身ではなく、積極的に行動する	メールでの指示は、まずは返信から

第6章 社会人に求められる「指示・報告・連絡・相談」の基本

111

● 目的や意図を考えながら聞く

　この仕事の目的は何なのか、意図や理由を考えながら聞くことによって、自分のするべきことが見えてきます。
　求められている結果の水準を知るためにも、上司が何を重視して、何を求めているのかを考えながら聞きましょう。

　ときにはさらに上から受けた指示を、そのまま伝えているだけで、上司自身も業務目的などを把握できていない場合があります。このようなケースでは特に、要所要所に質問を挟むようにしましょう。
　あなたから受けた質問に答えるうちに、上司自身の考え方もクリアになっていきます。それによってお互いが、指示の目的や結果を正しく理解し、共有できます。
　曖昧な指示を、曖昧なまま放っておいたら、苦しむのは誰よりもあなたです。

● 受け身ではなく、積極的に行動する

　ただ指示通りに動くだけでは不充分な場合もあります。自分から提案をする積極性もときには必要です。たとえば、業務を指示通りに進めていたら、問題が見つかった。ここで「最初に受けた指示通りにしなければ……」と黙っていたら、結局はトラブルが起きてしまいます。このような場合には遠慮せずに上司に相談しましょう。問題点を見つけたあなたは評価されるに違いありません。また上司の指示内容よりも、もっと効率的なやり方がある場合には、「相談」「提案」といった形を取って、上司の判断に委ねます。ここで「別のやり方を見つけたので、これからはそっちで進めます」などと宣言してしまったら、上司の機嫌を損ねる可能性があるので注意してください。

● メールでの指示は、まずは返信から

　メールで指示を受けることもあります。メールでの指示は文章が残るため、「言った」「言わない」の論争を回避できますし、再確認も容易です。口頭の指示にはないメリットが多々あります。
　反面、メールは受け手に読まれたかどうか、送り手にはすぐに伝わりません。あなたが指示通りに動き始めても、上司が気づかない可能性もあるのです。最悪の場合、「指示を無視された」と誤解されてしまいます。

　このような事態を避けるためにも、メールで指示を受けたら即座に、指示が伝わった旨を返信しましょう。
　疑問点や不明点があるときは、上司に確認します。
　このとき、上司とすぐに話せる状況なら、直接口頭で確認しても良いですが、メールでやりとりをしている内容は、メールでやりとりを続けるのが基本です。やりとりの内容が記録として残ります。その際、何度も質問メールを送るのはタブー。質問事項を箇条書きにして伺います。

▶指示を受けるとき、してはいけないこと

●「指示を受けている途中で質問」はNG

　上司からの指示を受ける際、わからない点、疑問点があれば質問をして、その目的、ミッションを達成しましょう。
　ただし、疑問が浮かぶたびに質問することは避けます。
　話の途中で質問をされると、相手は話の流れやテンポを崩されてしまいます。それが何度もくり返されると、相手にストレスがたまっていきます。そのうち「どうして理解できないんだ」と、あなたに怒りが向けられることにもなりかねません。
　疑問点や不明点は区切りのよいところか、最後にまとめてたずねるようにします。そのためにもメモが大切です。
　気になる部分があったら、まずはメモに残し、後でまとめて質問するようにしましょう。

●「相手に顔を向けない」はNG

　メモを取ることは良いのですが、それだけに集中しすぎてもいけません。適度に上司に目を向けて、アイコンタクトを取ることも必要です。
　また、熱心に聞いていることを伝えるためにも、適度に「あいづち」を打つこともポイントです。話のテンポに合わせてうなずいたり、区切りがついたときに「はい」と返事を挟むことで、上司に気持ちよく話してもらえます。
　あなたがしっかりと顔を向けて、あいづちを打っていれば、上司も分かりやすく詳しく説明をしてくれるでしょう。質問をしやすい雰囲気にもなります。

▶ 指示を受けて困ったときの対応

● 同じ上司からの指示が重なったとき

　すでに取り組んでいる作業があるときに、上司から別の作業の指示を受けると、どちらを優先すればいいか迷いますね。
　このようなときは、どちらを優先したらいいか、その場でたずねましょう。自分で考えるより、確実かつ迅速です。
　まれに上司が、以前に出した指示を忘れて、別の指示を出している場合もあります。このようなときも優先順位をたずねれば、もう1つの作業のことを思い出して、対応を考えようとしてくれます。

● 直属の上司以外から指示を受けたとき

　時と場合によっては、別の部署からも指示を出される場面があるかもしれません。あなたは営業部に勤めているのに、経理部から「領収書の精算を早くして」などと言われる場合です。
　領収書程度ならまだしも、かなり大がかりな作業を、別の部署から出される場面もあるでしょう。
　特に困ってしまうのが、新たな指示を出してきた人が、直属の上司と同等以上の職位のときです。なかなか優先順位をつけられません。
　このようなケースでは、注意すべき点は2つあります。

直属の上司にも、指示を受けたことを報告する

　別部署から指示を受けたときには、その内容に応じて直属の上司に報告をするとよいでしょう。内容によっては、どうするかの判断を仰ぎます。
　別の部署からの指示で勝手に動き始めると、部署内の仕事にも支障が及ぶ可能性も否めません。直属の上司を無視して進めることのないようにしましょう。
　上司の立場になれば、自分の部下が自分の知らないところで、別部署からの指示で動いていたとしたら、報告がなかったことをマイナスに思います。お互い気持ちよく信頼し合いながら仕事を進めるためにも、直属の上司への報告・連絡・相談確認を忘れずに。

作業完了の報告は、直属の上司と指示者両方に

　実際の作業中に、相談事があれば指示を出した人に質問します。もし、別部署の指示者に質問した時は、その旨を直属の上司にも報告して下さい。それもあなたの仕事の一部です。
　作業完了の報告も、上司と指示者との両方にします。

● 「自分にはできない」と思う指示を受けたとき

　まれに「自分にはできない」「そんなの無理」と言いたくなるようなハードルの高い指示を、上司から出されることがあります。
　このようなときも、積極的に取り組むようにしましょう。
　上司はあなたを苦しめるために、難易度の高い作業を押しつけてきたわけではありません。その仕事に取り組むことによって、あなたが成長していくことを見越して、あえて指示を与える場合もあるのです。
　高いハードルを乗り越えようと前向きに努力しなければ、成長することはありません。
　難しい指示を受けたときは、自分から積極的に、上司にコミュニケーションを取っていく姿勢が欠かせません。わからないことが出てきたら、1人で抱え込まず、早めに相談して指示を仰ぎます。
　上司は状況を判断して、再度、指示やアドバイスを与えてくれるでしょう。そして、あなたはハードルを乗り越えて、社会人として成長できます。また、何よりもやり遂げた達成感で心が満たされ、モチベーションも上がり、さらに成長していけます。

伝え方で、受け手の印象は大きく異なる

27 報告のマナー

チェックポイント

1. 「結論」を「事実」に基づいて報告
2. 一区切りついたところで、すぐに報告
3. 特に「悪い報告」は早めに伝える

正しく報告するまで、作業は終わらない

　仕事において「指示」と「報告」はセットです。上司の指示を受けて仕事をした以上、上司への報告は欠かせません。

　受けた指示を実行することと比べたら、終わった作業の報告は容易と思えるかもしれません。しかし、仕事は次の仕事とつながっています。作業ごとの報告が正しく行われていなければ、細かな齟齬が積み重なり、やがては大きなトラブルを引き起こしかねないのです。

▶報告すべき内容とタイミング

● 「結果」を報告

　作業が完了したら、すぐに上司に報告。報告の仕方は状況に応じて、対面口頭やメールなどで行います。

● 「経過」を報告

　作業が長期間に及ぶときは、進捗状況、今後の見通し、新たな情報や問題点など、途中経過も報告しましょう。

● 「トラブル」を報告

　「悪い報告」ほど、早めに伝えましょう。報告が早いほど、対応策を協議できますし、深刻化を避けられます。

▶上司に報告するときのポイント

●「結論」から話す

　最初に「結論」を伝えます。結論を知ってから、それに至る詳細を知ることで、理解力も高まるのです。

　逆に結論を先延ばしにして、経過や理由を延々と述べていると、「要するに何が言いたいんだ?」「結論は?」と言われかねません。

　悪い結論のときは言いにくいことでしょう。その場合は「残念ながら……」「申し訳ないことに……」などのクッション言葉をつけて伝えることも必要です。

●「事実」を正確に伝える

　報告するときは「事実」と「私見」を明確に分けてください。私見とは感想や印象など、あなたが思っていることを指します。

　両者の区別が曖昧だと、上司は正しい状況判断ができません。あなたの推測や希望的見解を事実と思い込んで、現実とかけ離れた判断をしてしまうかもしれないのです。

　まずは事実を正確に伝えます。どうしても伝えておいたほうが良いと思われる私見はその後で、「これは私の考えですが……」と前置きしてから伝えましょう。

●「5W3H」を活用する

　正確にわかりやすく事実を報告するためにも、「5W3H」を踏まえて、要点を整理して話しましょう。特にミスやトラブルといったネガティブな報告は、感情が先走って言い訳交じりになってしまうと、正しい情報や事実が伝わりません。報告をしたことで、かえってトラブルになっては本末転倒です。そうならないためにも、「5W3H」で要点を整理して、具体的かつ簡潔に報告しましょう。

●「口頭か、文書か」を判断する

　正確に報告するためには、「口頭か、文書か」の判断も重要です。

　終わったかどうかのシンプルな報告なら、口頭での報告だけで充分でしょう。しかし、数字(金額、日時、数量など)が絡む場合は、口頭で概要を報告した後、報告書かメールで詳細を伝えることをオススメします。

　正確さが求められる数字は、口頭での報告だけでは不充分。文章にして伝えることで、関係者が情報を共有できます。

　もちろん、最初から「終わったら報告書」とか「終わったら報告に来て」と言われていたら、その指示に従います。

第6章 社会人に求められる「指示・報告・連絡・相談」の基本

●「優先順位」を考える

　複数の報告をするときは、優先順位の高いものから報告していきます。優先順位は重要度、緊急度、影響度などから判断します。特に悪い報告とよい報告がある場合は、良い報告を先に伝えます。その後、悪い報告をし、その対応策を話し合ったりします。
　一方、その後の対応策を話し合う必要のない場合、悪い報告を先に、後に良い報告を伝えることで、プラスの気持ちで次の業務にとりかかることができます。

「相手の都合を考えない」はNG

　ほとんどの場合、上司はいくつもの案件を抱えています。あなたが考えているよりも、はるかに時間に追われているものです。
　報告も一方的に行うのではなく、上司の都合を考えて行いましょう。次のような言い方で、事前に都合を確認します。

> ベテラン株式会社の納品の件について、
> ご報告をしたいのですが、ただ今お時間よろしいでしょうか

　時間がかかりそうなときは、報告に必要な時間も合わせて伝えると、上司も都合がつけやすくなります。
　作業の結果が同じでも、どのように報告するかによって、あなたの評価が変わってきます。同じ報告をするなら、歓迎される報告をしましょう。

「聞かれるまで黙っている」はNG

　仕事中はあらゆるシチュエーションで、自主性と積極性が求められます。報告においても、作業が完了したら、すぐに伝えに行くのが理想です。
　自分から完了の報告をせず、上司から聞かれるまで黙っている人もいますが、これはもったいないことです。積極的に報告しなかったことで、自主性に欠ける「受け身人間」と誤解される危険性もあります。
　上司は報告を受けた時点で、あなたの作業が終わったと判断します。早めに作業を終えていた場合でも、いつまでも報告しなかったら、作業が遅かったように思われてしまいます。
　作業が終わったことに満足して、「報告は後回しにして、一休みするか」などと考えていたら、損をするのはあなたです。自主性と積極性を忘れずに、すぐに報告する習慣をつけましょう。

活発な情報交換で、業務をスムーズに

28 連絡の仕方

> **チェックポイント**
> ❶ 「事実」と「先の見通し」中心。結論なしでもOK
> ❷ 職場における連絡事項は多種多様
> ❸ 確実に本人に伝える。その方法を考える

「連絡」は事実をそのまま伝えること

　報告が最終的な結論まで含むのに対して、連絡は「事実」と「先の見通し」を伝えることです。職場における連絡事項は多岐にわたります。社内で決まった新しいルールや取り決めも、プロジェクトを進める中での取引先とのやりとり、勤務中の行動予定もすべて連絡事項に含まれます。
　業務のあらゆる範囲に関わるだけに、連絡の重要性を心得、その仕方のポイントを身につけ実践しましょう。

▶業務に関連する連絡の例

● 日常的な連絡
・会社を休むとき。
・遅刻するとき。
・早退するとき。
・外出するとき。
・外出先から。　　など

● 緊急時の連絡
・電車の遅れで約束の時間に間に合いそうにない。
・外出中の上司宛に急ぎの電話があった。
・会議の時間が変更になった。
・待ち合わせ場所に変更が生じた。
・社内、社外の関係者から訃報が届いた。

▶ 上司や同僚に連絡するときのポイント

● 迅速かつ正確に

　事実を早めに連絡します。特に外出時や不測の事態が起こったときは、自分の代わりに対応してくださる方の立場に立って、現時点でわかっている情報を正確に連絡しましょう。
　以下は現在の状況、今後の予定、帰社予定時刻、連絡事項の確認などを伝えています。

　「お疲れ様です。ベテラン株式会社との打ち合わせは、特に問題なく終えました。詳しくは社に戻ってからご報告します。あと30分ほどで戻ります」

　「お疲れ様です。予定の訪問をすべて終え、あと30分ほどで社に戻ります。何か急ぎの連絡事項などはありますでしょうか」

　「おはようございます。タナカです。電車の遅延で、出社が20分ほど遅れそうです。今、乗換駅の大手町駅で、次の電車を待っているところです。詳しい状況がわかり次第、あらためてご連絡いたします。申し訳ございませんが、よろしくお願いいたします」

● 情報共有が必要なときは、「確実に共有できる連絡方法」を考える

　プロジェクトのために一丸となって動いているときなどは、チーム全員が情報を共有し合うことが重要です。
　このような場面では、「確実に共有できる連絡方法」を考えましょう。
　定期的にチーム全員が集まって、互いの意見を出し合う場をつくることも、情報共有の方法の1つです。
　電話とメールを併用して、「概要は電話。詳細はメール」といった使い分けをすることもあります。
　最近は社内のグループで、LINEを使っているところも多いようです。
　いずれの場合も、伝える相手、人数、情報の内容、スピードなどを考慮して、最適な連絡方法を選んだ結果です。

● 連絡が伝わったのか、必ず本人に確認する

　連絡は当事者に伝わらなければ意味はありません。たとえば、電話を受けたら電話伝言メモを残して、さらに本人に確認をします。
　電話以外の連絡事項でも、必ず本人に確認を取りましょう。相手に理解されたか不安なときは「ご不明な点はございませんか?」と質問を促すことで、正しく理解してもらうきっかけになります。

礼儀をわきまえて、積極的にたずねる

29 相談のマナー

チェックポイント
1. 早めの相談が、早めの問題解決に
2. 実は相談される側も、ことのほか嬉しい
3. 「お礼」と「結果報告」を忘れないこと

相談上手は、社会人として伸びていく

　「報連相」といった言葉を聞いたことがあると思います。「報告」「連絡」と同じくらい、ビジネスシーンで「相談」は重要なのです。
　上司から指示を受けて仕事を進める中で、疑問点や問題点にぶつかったときは、思い切って相談してみましょう。1人で抱え込んだり、勝手な判断で進めてしまうと、無用なトラブルを招く危険性があります。最終的に問題を解決するのは自分でも、そのプロセスでは助けを借りて、よりよい結果を出しましょう。

▶相談を受けることは、上司や先輩も嬉しい

　上司や先輩に対する遠慮から、なかなか相談できない人もいます。
　しかし、部下や後輩に相談されるということは、それだけ信頼されている証し。上司や先輩もまんざらではありませんから、気兼ねなく相談してみましょう。
　とはいえ、何度も似たような相談を持ちかけたり、相談の仕方が適切でなければ、快く相談にのってもらえません。
　良好な関係を築くためにも、マナーに則した相談の仕方が大切です。

▶ 上司や先輩に相談するときのポイント

● 相談内容を整理して、要点をまとめておく

漠然とした相談はNG。上司や先輩がわかりやすいように、要点をまとめて、何について相談したいのかを明確にしましょう。

上司や先輩はあなたのために、時間を割いてくれるのです。貴重な時間を無駄にしないように、事前の準備をしておきましょう。要点はメモなどに書き出しておくと、考えもまとまり、相談もスムーズに進みます。

● 相談する目的を明確にしておく

相談する側が何がわからなくて、何をどうしたいかなど、その目的を明確にしていないと、相談される側は困ってしまいます。上司や先輩も、何のために相談されているのかが分かれば、具体的なアドバイスができます。

● 相談相手の都合を確認する

貴重な時間を割いて、相談にのってくれる上司や先輩にかかる負担はなるべく少なくしましょう。そのためにはあらかじめ相談したい内容や、相談にかかりそうな時間を、事前にメールなどで伝えておくと良いでしょう。上司や先輩も相談に割く時間などを調整できます。相談も「相手優先」の精神で。

● 答えを求めるのではなく、アドバイスをいただく気持ちで

相談のゴールは答えを得ることではありません。問題解決のヒント、アドバイスをいただくための行為だと心得ておきましょう。

上司や先輩は問題の当事者ではありません。相談にのるということは、あなたのためを思って最善のアドバイスをしてくれるということです。

● 問題解決とは無関係に、必ず「お礼」と「結果報告」をする

相談が終わったら、相談に乗っていただいたことに対して、必ずお礼を伝えましょう。

また、相談を受けた相手は、あなたのその後を気にしています。自分のアドバイスが役立ったのかどうかを心配しています。

必ず結果報告をすることを忘れずに。

第 7 章

社会人に求められる「来客応対」の基本

会社も人間と一緒。初対面の印象が大切

30 受付でのマナー

> **チェックポイント**
> 1. 会社の顔となる重要な場所
> 2. 初めて来訪した方に不安感を抱かせない
> 3. アポイント（予約）の有無で応対が変化

訪問客は最初の応対で、会社の印象を決める

　会社にはさまざまなお客様がお越しくださいます。用件も面会相手も多種多様。顔馴染みのお客様もいらっしゃれば、初めての方もいらっしゃいます。

　特に初めて来訪されたお客様は、勝手がわからず不安でいっぱいかもしれません。それだけに、最初に応対した社員の対応次第で、会社全体のイメージが決められてしまう可能性もあります。あなたもお客様の立場に立って、気分よく過ごしていただく方法を考えましょう。

▶来客応対で大切なポイント

| 見知らぬお客様にも「会社の代表である」という意識を持って接する。 | お客様に不安感を抱かせないこと。心を開いて、お客様を歓迎する。 | 基本を押さえた上で、その場、その方に合わせた臨機応変な対応をする。 |

124

▶受付での大まかな流れ

● 最初の応対

　受付窓口が常駐している会社もあれば、オフィスと受付が分かれておらず、「気づいた社員や手の空いている社員が応対をする」といった会社もあります。
　このような会社では、新人が来客応対をする機会が多くなります。
　あなたが応対することになっていたら、お客様の姿が見えると同時に立ち上がり、目を見て明るく挨拶をしましょう。

> おはようございます。私でよろしければ、ご用件を伺いますが、いかがでしょうか？

　お客様が近くにいらしたら、「お客様の会社名とお名前」を伺います。このとき「アポイント（予約）の有無」によって、応対が少し変わってきます。

アポイントがある場合

> ベテラン株式会社のスズキ様でいらっしゃいますね。お待ちしておりました

アポイントがない場合

> ベテラン株式会社のスズキ様でいらっしゃいますね。失礼ですが、お約束はいただいておりますでしょうか

　お客様の会社名と名前を声に出して復唱してから、担当者に取り次ぎます。そして、アポイントの有無で、応対の仕方が変わってきます。
　ちなみに、アポイントがある場合の来客応対は「来訪者の会社名」「お名前」「来訪時間」「自社の担当者名」などが事前にわかっていると、スムーズに進められる上、お客様をお待たせする時間も最小限で済みます。
　社員同士で連絡を取り合い、その日の来訪者を一覧にするようなルールをつくっておくと、社内全体に大きなメリットがあります。

● アポイントがある場合

あらかじめアポイントがある場合は、次のように述べてお辞儀をし、担当者に取り次ぎます。

> ベテラン株式会社の
> スズキ様でいらっしゃいますね。
> お待ちいたしておりました

担当者に取り次いだら、「担当者が受付まで来る」「担当者に指示された場所まで、来訪者1人で行ってもらう」「担当者に指示された場所まで、あなたがご案内する」などの指示を受けます。

まず「担当者が受付まで来る」の場合、来訪者にはしばらく待ってもらいます。来訪者には、その旨を伝え、お待ちいただくためのスペースがある場合は、そちらを指し示します。

| 担当者が受付まで来る場合 | ただ今サトウが参りますので、恐れ入りますが、（こちらの席で）お待ちいただけますでしょうか |

次に「担当者に指示された場所まで、来訪者1人で行ってもらう」の場合は、担当者のいるフロアとエレベーターの場所を伝えます。

| 担当者に指示された場所まで、来訪者1人で行ってもらう場合 | サトウは4階でお待ちいたしております。恐れ入りますが、あちらのエレベーターで4階までお願いできますでしょうか |

これらはいずれも、来訪者と担当者をつないだことで、あなたは役目を果たしました。

ところが、「担当者に指示された場所まで、あなたがご案内する」という場合は、来訪者を直接、誘導していきます。

来訪者をご案内する際のマナーは、128ページからの項目で詳しくお伝えします。

● アポイントがない場合

アポイントがない場合、まずは担当者の意向を確認します。来訪者には次のように伝えて、担当者に連絡を取ります。

> ただ今確認して参りますので、
> 少々お待ちいただけますでしょうか

仮に担当者がいたとしても、この場では在・不在を伝えないことがポイントです。担当者は今

は社内にいたとしても、すぐに出かけてしまうかもしれないからです。担当者と連絡をとる際には、来訪者にそのやりとりを聞かれないように配慮します。担当者と連絡がついたら、どのように対応すればいいか指示をあおぎます。担当者が会うことを選んだら、以後はアポイントがあった場合と同じ流れです。担当者が「会えない」といった場合は、来訪者にお断りをしなければなりません。

スズキ様、大変申し訳ございません。ヤマダはただ今会議中のため、お目にかかることができかねる状況でございます

何か伝言などございましたら、承りますが、いかがでしょうか

担当者が電話口で、どのような反応をしていたとしても、それを来訪者に感じさせてはいけません。来訪者に不快感を与えないよう、最後まで明るく丁寧に、礼儀正しく接しましょう。それが応対するあなたの役割です。

 ○ 社内で迷っているお客様を見かけたら…

　受付の役割を任されていなくても、社内で迷っている来訪者を目にする機会はあると思います。
　このようなとき、誰も声をかけなかったら、お客様はどのように感じるでしょうか？
　ひょっとしたら「冷たい会社」「社員教育の行き届いていない会社」と判断し、その後のつき合い方を見直すかもしれません。

　迷っているお客様を見かけたら、まったく接点のなさそうな方であっても、必ず声をかけるようにしましょう。

どちらの部署をお探しですか。よろしければご案内いたします

　不安な気持ちでいるときに、親切に声をかけてもらえたら、お客様は安堵するに違いありません。会社全体への印象もよくなるはずです。

移動するだけでも、注意することはたくさん

31 ご案内のマナー

> **チェックポイント**
> ❶ 先に行き先を告げて、お客様の不安を解消
> ❷ 「お先に失礼します」のひと言を忘れない
> ❸ 状況に応じてご案内の型は変わる

慣れ親しんだ仕事場も、お客様には未知の空間

　お客様をご案内するときは、「2階の応接室へご案内いたします」というように、必ず行き先を告げてからご案内しましょう。

　あなたには見慣れた社内でも、ほとんどの来訪客には未知の空間。「どこへ連れていかれるんだろう……」と、不安を感じさせないようにする心配りが大切です。

　また、「明るく」「迅速」「正確」「丁寧」に対応することを意識しましょう。

▶お客様をご案内するときの心得

● **明るく**
明るい表情、明るい声で、気持ちよくお迎えしましょう。

● **迅速**
お客様をお待たせしない。待たされていると感じさせない。

● **正確**
正しく聞き取り、必要なことは復唱確認しましょう。

● **丁寧**
顔なじみのお客様でも、馴れ馴れしい態度は禁物です。

▶廊下でのご案内の仕方

　お客様には廊下の中央を歩いていただきます。案内人であるあなたはお客様の右斜め前方、2〜3歩先を歩きます。

　途中、適度に振り返り、お客様がついてきてくださっているか確認しながら、お客様の歩調に合わせてお部屋までご案内します。

　廊下を曲がるときは、お客様から遠いほうの手の指先を揃えて、「こちらでございます」と曲がる方向を示します。

　手で方向を示すときの指先は、きれいに揃えましょう。

▶階段やエスカレーターでのご案内の仕方

　一般的には上がるときは「お客様が先、案内人は後ろ」、下りるときは「案内人が先、お客様は後ろ」といわれています。前後より上下を重視して、「お客様は常に上、案内人は常に下」という考え方です。

　しかし、ビジネスシーンでは上がるときは「案内人が先、お客様は後ろ」、下りるときは「案内人が先、お客様は後ろ」となります。上下の位置と無関係に、「案内人が先」と覚えておきましょう。これはお客様を先導して案内する姿勢の表れとなります。

　不慣れな場所でお客様に先頭を歩かせては、お客様に不安を感じさせてしまいます。

　なお、階段やエスカレーターの上り始めと下り始めは、必ず次のひと言を伝えてから行動にうつるようにしてください。マナーの型以前に、このようなひと言あるコミュニケーションが大切です。

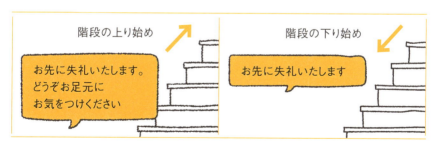

　上りも下りも、お客様の先を歩くことになるため、「お先に失礼いたします」と必ず伝えます。特に上るときは、位置がお客様の上になるので、このひと言は必須です。

▶ エレベーターでのご案内の仕方

先に誰か乗っているかどうかで、エレベーターでの案内の仕方は変わってきます。

● 乗る前

エレベーターの上下ボタンは、必ず案内人が押します。お客様に押していただくことのないように、素早く行動しましょう。

● 乗るとき／中に誰も乗っていない場合

お客様に「お先に失礼いたします」と断ってから、案内人が先に乗り込みます。「密室であるエレベーター内にお客様を1人にしない」「危険物がないか安全確認をする」といった配慮からです。

中に入ったら、すぐに操作盤の前に立って「開」ボタンを押します。もう片方の手でドアを押さえてから、お客様に入っていただきます。

● 乗るとき／中に誰か乗っていた場合

お客様に「どうぞ」と言いつつ、手で方向を示して、お客様に先に入っていただきます。もう片方の手で、ドアを押さえることを忘れずに。

あなたは最後に乗り込みます。操作盤の前に立てたら、手早くボタン操作をしましょう。

すでにほかの人が立っていた場合は「失礼いたします」と会釈をして、自分で行き先階のボタンを押します。どうしても手が届かなかったら、「恐れ入りますが、3階を押していただけますでしょうか」といった具合に、操作盤の前に立っている方にお願いします。押してもらったら、「ありがとうございます」と必ずお礼を伝えます。

● 降りるとき

目的階に着いたら「開」のボタンを押しながら、もう片方の手でドアを押さえます。「お先にどうぞ」と言葉を添えて、お客様には先に降りていただきます。あなたは最後に降りて、前傾姿勢で素早くお客様の右斜め前まで進み、引き続き目的地までご案内します。

○ エレベーターの席次

乗客が多くて身動きできない場合を除き、操作盤の前が案内する人の定位置です。お客様は、あなたの背後に位置します。

立場に合わせて場所が決まることを「席次」といいます（席次の詳細は134ページ〜参照）。

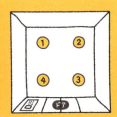

130

お茶を正しく出せるのも社会人

32 応接室、会議室での席次のマナー

> **チェックポイント**
> ❶ トイレ以外、ドアのノックは3回が基本
> ❷ ドアのタイプによって、開け方は変わる
> ❸ 茶碗は茶托にのせず、お盆で運ぶ

部屋に入ってからの応対が大切

　お客様をご案内する場合、目的地は「応接室」や「会議室」となるケースがほとんどです。また、あなた自身が社外の人と、打ち合わせや会議をする機会もあるでしょう。

　受付での応対も、廊下やエレベーターでのご案内も、応接室や会議室にたどり着くまでのプロセス。これからが接客応対の本番ともいえます。失礼のないご案内をしましょう。

▶来客を応対するときの必須知識

　誰がどこに位置するのかという、席の順番を「席次」といいます。「上座」「下座」という言い方で、席の順番を決めます。お客様をご案内するとき、席次の知識は不可欠です。席次には法則性がありますが、絶対的なものではありません。部屋のレイアウトや人間関係など、さまざまな要因で変わってきます。臨機応変な対応で、お客様への敬意を表現していきましょう。

▶応接室・会議室へのご案内

● ドアの開け方

　①ドアは必ずノックをします。②ノックをする理由は、部屋の中に誰かいるのか、今から入室してもよいか、確認するためです。③ノックの回数は、日本のビジネスシーンでは3回がよいでしょう。

　開け方はドアの種類によって異なりますが、「ドアを開けるときはドアとともに動く」「空いている手でドアを押さえる」「空いている手で室内を指し示して、『どうぞ』と言葉を添えつつ、お客様を室内へ誘導する」といった基本動作に変わりはありません。ドアを閉めるときは、ドアのほうを向いて、両手でドアノブを持ち静かに閉めます。

内開き（押す）のドアの場合

　ドアノブに手をかけ、お客様に「お先に失礼いたします」と言って会釈した後に、ドアを押し開けます。室内に入ったら、お客様に背を向けないように向き直り、室内側のドアノブに持ち替えて、お客様に「どうぞ」と、もう片方の手で室内への案内を指し示し、招き入れます。

外開き（手前に引く）のドアの場合

　お客様に先に入室していただきます。手前にドアを引いたら、ドアノブを持ったまま、「どうぞ、お入りくださいませ」とお客様を誘導します。

スライド式（引き戸）のドアの場合

　ドアをスライドさせて開いたら、「どうぞ、お入りくださいませ」と手の指を揃えて室内を指し示し、お客様に先に入室していただきます。

● 席に誘導するとき

お客様にお待ちいただく場合は、「どうぞこちらにおかけになってお待ちいただけますでしょうか」と、お座りいただく席をはっきりと示して、遠慮なく座っていただきます。

お客様には上座にお座りいただきます。出入り口から見て遠い席、奥の席が上座となります。一方、出入り口に近い席、手前の席が原則としては下座です。

▶「上座」と「下座」の基本的な考え方

● 上座

その場で一番心地よく、安全に過ごせる場所のこと。必然的に、役職が上の人や年長者が座る。基本的には出入り口から遠い、奥の席。

● 下座

出入り口に近いなど、居心地のよくない場所のこと。お客様をお迎えする側、役職が下の人や年少者が座る。原則としては出入り口から近い、手前の席。

▶ 応接室の席次

● 一般的な応接室

出入り口から遠い席が上座、出入り口に近い席が下座です。窓からの眺望や壁に掛けている絵画の位置によっては、上座、下座の位置が変わることがあります。

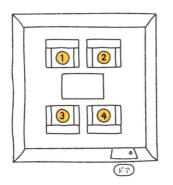

● 長椅子がある応接室

長椅子側の出入り口から遠い席が上座です。3人掛けの場合、出入り口から一番遠い席が上座、入り口に近づくにしたがって下座となります（真ん中に最上位の人が座り、奥に2番目、手前に3番目の人が座る場合もあります）。

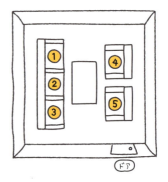

● さまざまな椅子がある応接室

椅子のタイプによって格が決まっており、上から順に「長椅子＞肘掛け椅子＞肘掛けのない椅子＞スツール」となります。部屋のレイアウトを考えるときも、それぞれの椅子の格を配慮し、配置を間違えないようにしましょう。

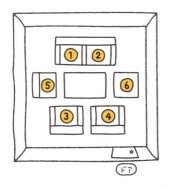

● 長方形の机があり、長い辺にも短い辺にも椅子がある応接室

長方形の机は、長い辺のほうが上座となります。

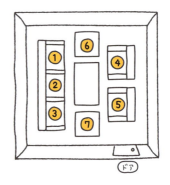

※上記4パターンの応接室は、あくまでも一例です。
席次は椅子の形を優先させていますが、実際は状況により異なります。

▶ 会議室の席次

● 一般的な対面形の会議室

対面型の会議室の場合、原則として出入り口から遠いほうの列の真ん中の席が上座になります。お客様には、出入り口から遠いほうの席へ座っていただきます。テーブルの端、かつ出入り口に近くなるほど、下座になります。

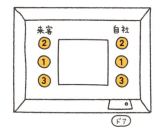

● デスクがコの字形に配置されている会議室／議長が不在

デスクがコの字形に配置されている場合、出入り口から一番遠い場所が上座となります。以下、上座から見て右手前、左手前、右、左と進んでいきます。

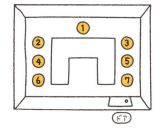

● デスクがコの字形に配置されている会議室／議長がいる

議長がいる会議の場合、出入り口から一番遠い場所が議長席となり、議長に近いほど上座となります。議長から見て右手前が上座に、次が左手前、続いて右、左と進んでいきます。

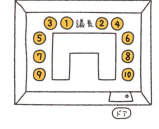

● 円卓の会議室

円卓の場合も、コの字形と同じく、一番遠い席が上座となります。以下、上座から見て右側、左側、右側、左側と進んでいきます。

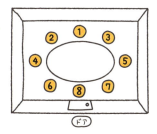

▶ 和室の席次

床の間を背にした席が上座（最上席）で、出入り口に近い席が下座となります。

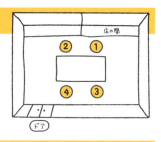

▶ お茶の出し方

● 基本的な流れ

1 人数分のお茶の入った茶碗、重ねた茶托（茶碗をのせる小さな受け皿）、ふきんをお盆にのせます。

2 お盆を両手で持ったら、胸の高さで運びます。自分の息がお茶にかからないように、お盆を少し横にずらす配慮を。

3 ドアを3回ノックして、「失礼いたします」と声をかけてから、会釈をして部屋に入ります。

4 お盆をサイドテーブルに置き、茶碗を茶托にセットします。茶碗と茶托が水分でくっつくのを防ぐため、茶碗をふきんにのせて水分を取ってから、茶托にのせましょう。

5 「どうぞ」と言葉を添えて、お客様の右後ろ側から両手でお出しします。自社の担当者よりお客様が優先。お客様が複数いらっしゃる場合は、最上席にお座りになっていらっしゃる方から順番にお出しします。すべてのお客様に出し終えてから、自社の担当者に出します。

6 茶碗と茶托の向きに気をつけましょう。茶碗に絵柄がある場合は、絵柄が相手の正面を向くように。茶托に木目が入っている場合は、木目の線が相手と平行になるようにおきます。

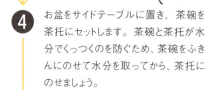

正面

7 お茶を出し終えたらお盆を脇に挟んで、ドアの前で「失礼いたしました」と挨拶をしてから、一礼して退室します。ドアを閉める前にもう一度会釈をすると、より丁寧な印象になります。

● お茶の出し方で困ったときは…

サイドテーブルがない

お客様に「失礼します」と断ってから、お盆をテーブルに乗せて、テーブルを使ってお茶出しを進めます。テーブルが低い場合でも、床に膝をつけないように注意。

書類だらけで、お茶を置くスペースがない

自社の担当者に「お茶はどちらに置けばよろしいでしょうか?」と伺いを立てます。勝手に書類を動かすのはNG。お出しするときには「失礼いたします」のひと言を。

コーヒーカップとティーカップの置き方

取っ手を向かって左側にするか、右側にするかについては、マナー的にはどちらも正解です。向かって左側だと「ヨーロピアンスタイル」、向かって右側だと「アメリカンスタイル」となります。大切なことは、どちらかの向きに統一することです。

部屋が狭くて、右後ろ側からお茶を出せない

お茶出しはお客様の右後ろ側からが原則ですが、部屋の大きさやレイアウトの関係で難しい場合もあります。やむを得ずお客様の左側や正面からお出しするときは、「こちらから失礼いたします」と一声かけます。

▶ **お見送りのマナー**

打ち合わせが終わったら挨拶をして、お客様をお見送りします。どこまで見送るかは、相手との関係性や状況によって変わります。

部屋の外まで

丁寧に挨拶をした後、深くお辞儀をして見送る。

エレベーター前まで

上下ボタンは必ず、担当者が押します。エレベーターが着いて、お客様が乗り込んだら、最後の挨拶。ドアが閉まり、エレベーターが動きだすまで、お辞儀をし続ける。

玄関先まで

外に出て最後の挨拶をしたら、相手が見えなくなるまで見送ります。お客様が車でお越しの場合やタクシーを利用する場合、挨拶をしてからお客様を車内に誘導し、車のドアが閉まったら、あらためてお辞儀をして、車が見えなくなるまで見送る。

第7章 社会人に求められる「来客応対」の基本

33 席次のマナー【乗り物】

狭い空間だからこそ、座席は重要

> **チェックポイント**
> ❶ 新幹線は窓側のほうが上座となる
> ❷ 自動車の席次は運転する人で変わる
> ❸ 席を入れ替えるときは、事前に確認を

法則だけでは決められない乗り物の席次

　新幹線や自動車、エレベーターなどの乗り物にも席次はあります。上司やお客様と一緒に乗るときは、必ず上座に誘導します。
　ただし、席次は一定ではありません。
　特に自動車は、お客様や上司が運転するのか、タクシーなど運転手が運転するのかなどによって、助手席が上座にも下座にもなります。これから紹介するルールは、あくまでも原則です。
　本当に大切なのは、臨機応変な対応と、周囲への気遣い。そして最も大切なことは、その人が心地よいと思える席が本来の上座となるということです。

▶ 目上の方が高齢だったり、ケガをしていたら…

右ハンドルの自動車では「後部座席の左側」は上座ではありません。ところが、お客様が高齢だったり、ケガをしていたりすると、この席が上座にもなり得ます。左側のドアが開く日本のタクシーなどでは乗り降りしやすいからです。

このような場合は「本来なら奥へお座りいただくのですが、手前のほうが乗り降りしやすいかと存じます。いかがでしょうか」と確認を取ってから、誘導しましょう。

▶ 自動車の席次

● タクシーに乗る場合。役職が低い人が運転する場合

運転席の後ろが上座、助手席が下座となります。後ろの座席が3つある場合は、運転席の後ろが最上席、次が反対のドア側の席、3番目が真ん中の席となります。助手席には最も下位の人が座り、支払いや領収書の受け渡しも担当します。

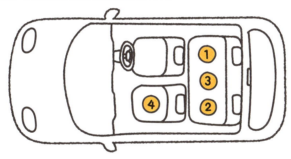

● 上司やお客様が運転する場合

自動車の席次は、誰が運転するかで変わってきます。上司やお客様が運転する場合、助手席が上座となり、下座は後ろの真ん中の席となります。

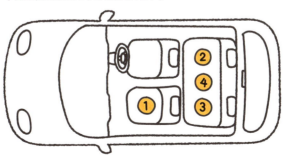

▶新幹線の席次

　基本的には、窓側が上座、通路側が下座です。4名のボックス席として使う場合は、進行方向を向いている窓側が上座（最上席）。続いて向かいの窓側、次に進行方向を向いている通路側、最後が進行方向に背を向けた通路側となります。

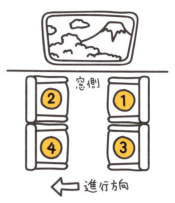

第8章

社会人に求められる「他社訪問」の基本

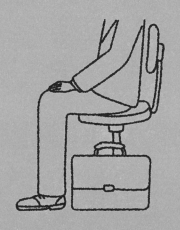

「時間を割いてもらう」との意識を

34 訪問前の準備

> **チェックポイント**
> 1. 訪問する相手のメリットまで考える
> 2. アポイント（予約）を取る前に、目的を正しく伝える
> 3. 15分前には到着するルートを探す

「有益な情報」と「有益な提案」を用意

　訪問して会っていただくということは、相手側の貴重な時間を割いていただくということ。その重みをしっかりと自覚して、アポイントを取る段階から、節度ある振る舞いを心がけましょう。

　あなたが訪問で得るメリットだけでなく、相手が得るメリットにまで目を向けることが大切です。「有益な情報」と「有益な提案」を準備しておくことで、訪問先の期待にも応えられます。

▶あなたの言動が会社のイメージに

　訪問先でのあなたの印象は、会社全体の印象につながります。あなたが成長して、単独で企業を訪問するようになれば、なおさらです。

　そのためには商品・サービスについての知識だけでなく、自社の事業や歴史についても、正しく説明できるようにしておきましょう。

　たとえビジネスに発展しなかったとしても、会社のイメージアップに貢献することができれば、会社員として最低限の役割は果たすことになります。

▶アポイントの取り方

　他社を訪問する際は、事前に「アポイント（予約）」を取ります。
　電話の場合は担当者を呼び出してもらい、あなたの会社名と所属部署、あなたの名前をはっきりと伝えます。
　その上で次のように、相手の都合を伺います。

　「今、お話しするお時間をいただいてもよろしいでしょうか？」

　相手の了承を得たら、「訪問の目的」「訪問の日時と場所」「所要時間」などを手短に伝えます。

訪問の目的

　訪問を希望する目的は、早い段階で告げましょう。目的を曖昧にしたままアポイントを取ることは、あまりに独りよがりな行為です。用件を明確に伝えた上で、相手に判断を委ねます。

訪問の日時と場所

　基本的には相手の都合に合わせます。「訪問させていただきたい」というお願いを聞いてもらうわけですから、一方的にこちらの希望を押しつけるのではなく、「相手の都合を伺う」という姿勢が大切です。
　ある程度、余裕を持たせた日程を提示し、その範囲内で3、4日程度の候補日を挙げていただきます。その中から訪問日時を決定します。場所は相手の指示に従いましょう。一般的には、相手のオフィスに伺います。
　どうしてもうまく調整できないときは、こちらから複数の候補日を提示して、相手に伺いをたてる場合もあります。

所要時間

　面会にどれくらいの時間を要するのか、あらかじめ目安を伝えておくと、相手もスケジュールが立てやすくなります。

　これらを伝えた上でアポイントを取り、最後に「日時と場所の復唱確認」をします。オフィス以外の場所を指定されたときは、お互いの連絡先（携帯電話番号など）を交換しておくと安心です。最近はメールでアポイントを取るケースも増えました。メールのやり取りはデータとして残るので、聞き違いを避けやすいことができます。場所を添付の地図で伝えることもでき便利です。

▶当日までにやるべき準備

● 情報を揃えて、必要なことは頭に入れる

　初めて訪問する場合は、訪問先の事業内容や経営方針などを、ホームページで調べておきます。すでに取引がある場合は、今までの取引状況を調べるとともに、上司や先輩にも話を聞きましょう。

　訪問先の住所や交通手段、移動時間なども、一緒に確認しておきます。

　大切な基本のポイントは「遅くとも15分前には現地にいる」ことです。そのためにも早めに交通手段を調べて、手帳に書いておきましょう。担当者名や電話番号も、一緒に書いておくといざというときに便利です。

　意外と忘れがちなのが、自分の会社についての情報です。

　あなたが相手の会社を知りたいように、相手の担当者もあなたの会社を知りたいものです。資料を見ないでも答えられるように、成り立ちや沿革を頭に入れておきましょう。

　また、自社関連のニュースや記事に目を通しておくことも必要です。担当者が話題に出したとき、すぐに答えられれば、話が弾みやすくなります。

　訪問先に関するニュースも、同じように確認しておきましょう。

● 出発前に持ち物・身だしなみのチェック

　必要な書類や資料、筆記用具など、忘れ物がないか確認します。上司や同行者がいる場合、資料は人数分用意するのが鉄則です。

　名刺は折れや汚れのないものを、名刺入れに充分な枚数を入れておきます。会社の説明資料やノベルティーグッズがあれば、持っていくといいでしょう。

　出発直前には、身だしなみをチェック。ビジネスシーンにおける身だしなみの基本は、「清潔感」「機能性」「上品さ」です。

　相手に不快感を与えない身だしなみができているか、相手目線で考えて、自分自身を客観的にチェックしてください。

身だしなみチェックリスト

- ☑ 頭髪は整っているか？
- ☑ ひげの手入れはできているか？
- ☑ 肩にフケは落ちていないか？
- ☑ スーツは派手すぎないか、汚れていないか？
- ☑ スカートは短すぎないか？
- ☑ ズボンに折り目は入っているか？
- ☑ 爪は整えられているか？
- ☑ ストッキングは破れていないか？
- ☑ 靴は磨かれているか？　　など

● 遅くとも15分前には到着するように出発

　遅くとも約束の15分前には到着できるように、余裕を持って訪問先へ向かいましょう。ビジネスにおいて遅刻は厳禁です。「早すぎるかな」と思うくらいで、ちょうどいいのです。

　万が一、時間に遅れそうなときは、すぐに訪問先に連絡を入れます。

　遅刻は多大な迷惑をかける行為。丁寧にお詫びの言葉を述べた上で、遅れてしまう理由と、到着が何時くらいになるかを伝えます。

35 訪問先に到着してからの準備

目的地に着いてからも、気を抜かない

チェックポイント

1. 現地到着後、身だしなみの最終チェック
2. 無人の電話受付では、明るく、はっきりと
3. 「記帳」を求められたら、職位の下の者が書く

面談で失礼がないように、念には念を

訪問先の会社に到着したら、あなたは最初に何をしますか？

社会人として正しい答えは、身だしなみの最終チェックです。「出発前にやったじゃないか」と思うかもしれませんが、他社を訪問する以上、念には念を入れなければいけません。移動中に汚れる可能性もあります。

他社を訪問するということは、それほどまでに気を遣うことです。訪問先に失礼のないよう、身だしなみをしっかり整えて、敬意を示しましょう。

▶移動手段に自動車を使ったときの注意点

社用車で訪問先に向かった場合は、訪問先の駐車場の「出入り口から遠い場所」に停める配慮が必要です。出し入れしやすくて便利な出入り口の近くは、ほかの利用者のために空けておくのがマナーといえます。

訪問先に駐車場がなかったり、あっても空きスペースがなかったときのために、近くのタイムパーキングもリストアップしておきます。そこから訪問先まで歩く時間も、移動時間に含めることを忘れずに。

▶ 訪問先に到着してから

● 身だしなみの最終チェック

　訪問先の玄関前で、最後にもう一度身だしなみを整えます。145ページでチェックしたことに加えて、次のことも確認してください。

☑ スーツや靴に汚れはないか？

　特に靴の底の汚れをチェック。泥などがついていたら、廊下や床を汚してしまいます。玄関マットなどで汚れを落としましょう。

☑ 靴の内側は汚れていないか？

　靴を脱ぐ可能性がある場合、靴下の状態までチェックします。お客様の家を訪問する機会の多いセールスパーソンは、予備の靴下やストッキングを用意しておくといいでしょう。

☑ 携帯電話は電源を切るか、マナーモードにしたか？

訪問中に着信音が鳴らないように、携帯電話は電源を切るか、マナーモードに。

☑ 名刺入れは取り出しやすいところに入れたか？

　必要なときに慌てず、スッと取り出せるように。男性はスーツの内ポケット、女性はバッグの取り出しやすい場所に。

☑ コートは脱いだか？

　冬場にコートを着て訪問した場合、必ず玄関前で脱いで裏表、三つ折りにして左腕に掛けます。コートには屋外のホコリなどがついているため、建物の中で脱ぐのは失礼だからです。マフラーや手袋は、カバンにしまいます。

● 受付での応対

　身だしなみを整えたら「受付」に向かいます。無人の電話受付の場合、受付の内線番号を呼び出します。
　あなたから明るく挨拶をして、「自分の会社名」「名前」「訪問先の部署」「担当者名」「約束の時間」などを伝えて、取り次ぎをお願いします。

　受付の方は担当者に連絡をしてから、「ただ今、ヤマダが参りますので、そちらでお待ちいただけますか」「ヤマダは5階におりますので、恐れ入りますがエレベーターで5階までお願いできますでしょうか」といった指示をしてくれるはずですので、「ありがとうございます」と御礼を伝えて、それに従ってください。応対してくださった受付の方へのお礼を忘れずに。会社によっては受付で、入館者名簿への記帳を依頼されます。記帳は職位が下の者が行います。

36 面談のマナー

長期的な関係を築けるかは、あなた次第

第8章 社会人に求められる「他社訪問」の基本

> **チェックポイント**
> ❶ 部屋で待っている間も、礼儀正しく
> ❷ 訪問の目的と、終了時間を明確に
> ❸ 建物を出るまで、気を抜かないこと

訪問相手が入室したら、面談のスタート

　入室後は、すすめられた席にて担当者が来るのを待ちます。このとき、出入り口付近で立ったまま待つ場合もあります。
　初めて訪問する場合は、担当者が来たらすぐに名刺交換ができるように、名刺の準備は必須です。

▶出されたお茶は飲んでも大丈夫？

　訪問先で出されたお茶を飲んでいいのか、判断に迷う人も多いようです。
　基本的な考え方は、「担当者からすすめられたらいただく」と覚えておきましょう。また、担当者が飲んだら「いただきます」と言って飲んでもいいでしょう。ただし、上司が同行している場合は、上司が飲む前に飲むのは控えます。
　たまに「飲んだら失礼」と判断して、一口も飲まない人もいますが、飲みたいときは飲んでも構いません。飲みたくないときは、無理に飲む必要はないでしょう。ただし、帰るときに「お出しくださり、ありがとうございました」とお礼を伝えることを忘れずに。

▶ 訪問相手と面談するときのポイント

● 会議室や応接室での待ち方

　会議室や応接室に案内されたら、案内人にすすめられた席に座ります。通常、訪問した側は上座に案内されますので、上座をすすめられたら遠慮せずに座ってOKです。特に指定がないときは、下座に座ります。上座と下座については、担当者を待っている間は、次のことに注意してください。

| カバンは椅子の横か、足元に置く。机の上には置かない。 | コートは折り畳んで、カバンの上に置く。コート掛けがあっても勝手に掛けない。 | 相手が来たらすぐに立ち上がれるように、椅子はひいておき、浅く座る。 | 必要な資料や名刺などの準備をしておく。 |

● 面談の流れ

　ノックの音が聞こえたら、すぐに立ち上がり、椅子の横に出ます。名刺交換はテーブル越しではなく、相手に近づいて行います。面談の時間を取ってくださったことに対する感謝の気持ちを伝え、予定の時間内で用件が終わるようペース配分を考えて、効率よく話しを進めましょう。
　メモを取りながら面談を進めていくと、要点をまとめやすく、後から質問もしやすくなります。

● 面談の切り上げ方

　予定の終了時間が近づいてきたら、まだ途中であっても、話に区切りをつけます。面談の要点や決定事項を互いに確認して、次の面談が必要な場合は、この場で日程まで決めてしまうのが理想です。終了時間前でも、相手が書類を片づけだしたり、時計をチラチラと見始めたら、時間を気にしているサイン。すみやかに話を切り上げましょう。
　退室の際は、忘れ物がないか確認し、自分の出したゴミは持ち帰ります。時間をつくって会ってくださったことへのお礼を述べて、丁寧に挨拶をしてから退室します。もし予定時間を過ぎていた場合は、お詫びを忘れないように。謙虚な態度で好印象を残しましょう。

● 面談が終わってから

　建物を出るまでは気を抜かず、立ち居振る舞いに気を配りましょう。誰に見られているかわかりません。エレベーター内での私語も慎むこと。すれ違った方には、面識がなくても会釈をします。最後に受付の方に挨拶をしてから、外に出ます。コートや手袋は、建物を出てから着用します。
　会社に戻ったら、面談の内容や決定事項を、上司や関係部署へすみやかに報告します。相手からの依頼事項や質問があった場合は、期限内に結論を出して連絡しましょう。

第8章 社会人に求められる「他社訪問」の基本

「相手の分身」と思って敬意を払う

37 名刺交換のマナー

チェックポイント

1. 名刺は相手そのもの。常に丁寧に扱う
2. 交換時は、立場が上の者同士から
3. 名刺入れの素材にも相手への配慮を

ビジネスコミュニケーションの出発点

　ビジネスにおける初対面のあいさつは、名刺交換からはじまります。人間関係は第一印象が重要ですから、名刺交換のマナーを知っていれば、好印象からスタートできます。
　逆に言えば、名刺交換をおろそかにしている人はそれだけで、マイナスの印象を与え、ネガティブな評価をされがちです。
　高得点をいただける名刺交換の仕方を身につけましょう。

▶さまざまな情報の書かれた名刺は、「相手の分身」

　名刺交換で最も大切なことは、名刺の扱い方に心を配ることです。
　名前、会社名、役職、電話番号、メールアドレス、仕事内容、企業理念……。名刺にはさまざまな情報が記されています。顔写真や似顔絵入りの名刺も珍しくありません。社会人にとって、名刺は自分の分身なのです。
　それだけに名刺を軽く扱われると、自分自身が軽く扱われたような気がします。名刺は相手そのものと敬意を忘れずに、常に胸より高い位置で受け取り、丁重に取り扱いましょう。

151

名刺交換の流れ

訪問した側から先に名刺を差し出します。訪問される側が立場が上で、訪問する側は下という考え方です。あなたが訪問をお願いした場合、あなたから名刺を取り出すのがマナーです。

相手が複数の場合は、役職の高い人から順に交換していきます。上司や先輩に同行しているときは、上司と先輩が交換した後に行います。

名刺交換はお互いに向き合って、原則として立って行うこともマナーです。

間にテーブルがある場合は、テーブル越しには行わず、必ず相手の正面へ移動してから行います。ただし、喫茶店などで行う場合は、周囲の人への配慮から、座ったまま交換をすることもあります。その際は「座ったままで失礼いたします」の一言を添えましょう。

名刺交換の3つのパターン

名刺交換には、3つのパターンがあります。「名刺を差し出すのみ」「名刺を受け取るのみ」「同時交換」です。

ビジネスシーンでは、同時交換がほとんどです。

● 名刺を差し出すのみの場合

① 名刺入れから丁寧に名刺を取り出し、訪問した側（または目下側）から先に名乗ります。

② 名刺は自分の名刺入れの上に、自分が読める向きに置きます。

③ 姿勢を正して脇をしめ、相手の目を見ながら、「ビギナー商事営業部のタナカイチロウと申します」と名乗ります。それから軽く頭を下げて、名刺を相手が読める方向に向けて、「どうぞよろしくお願いいたします」といって、胸の高さに両手で差し出します。

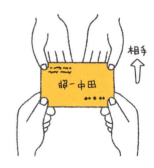

● 名刺を受け取るのみの場合

① 相手が名刺を差し出してきたら、「ちょうだいいたします」と言って、胸の高さで両手で受け取ります。名前を指で隠さないよう、名刺の端を持つようにしましょう。

② 「ヤマダ様ですね」と相手の名前を確認します。聞きとれなかったり読み方がわからない箇所があれば、「恐れ入りますが、何とお読みすればよろしいのでしょうか」とたずね、正しく覚えましょう。この場で確認することは、失礼には当たりません。

③ 相手の名刺を持ったまま話をするときは、両手で持ち続けます。胸の位置より下げないよう気をつけましょう。

● 同時交換

① 名刺を取り出すのはほぼ同時。会社名と名前は訪問した側（または目下側）から先に名乗ります。

② お互いに、自分の名刺を相手の読める向きにして右手で名刺を差し出し、相手の名刺入れの上に置きます。名刺を差し出すときは、自分の名刺が相手の名刺より上の位置にならないように注意しましょう。

③ 相手の名刺は、左手で持っている自分の名刺入れの上で受け取ります。

④ 自分の名刺を渡し終えたら、すぐに右手を、受け取った相手の名刺に添え、「ちょうだいいたします」と言って、両手で持ち直します。

⑤ いただいた名刺を胸の高さにキープしたまま一読し、名前などを確認します。

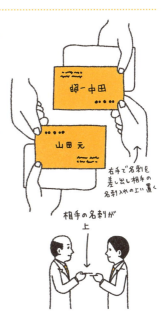

※左利きの人の場合、相手が右手で差し出してきたら、できれば右手で対応するとよいでしょう。

▶ 名刺交換で、知っておくと助かること

● 先に渡されたら、素直に受け取る

　名刺交換に不慣れなうちは、名刺がスムーズに取り出せず、目上の方から先に差し出されることもあるかもしれません。

　そこで、すぐに自分の名刺を取り出せないときには、「恐縮でございます」と気持ちを伝えて、丁寧に受け取ります。取り出すことにこだわって、相手を待たせてしまったら、かえって失礼に当たります。

　のちに、自分の名刺を取り出したら、「申し遅れ、失礼いたしました」と深いお辞儀と言葉を添えつつ差し出して、丁寧に渡します。

● 万が一、名刺を切らしてしまったら…

　訪問してから名刺切れに気づいたら、「名刺を切らしてしまい、申し訳ございません」と丁寧に謝り、会社名と肩書、名前を名乗ります。

　帰社したらすぐに、お詫びとお礼の言葉を添えて、名刺を郵送します。郵送が早ければ、失敗をフォローできるだけでなく、かえって好印象につながることもあります。

　とはいえ、名刺切れという事態を避けるためにも、出かける前に、名刺入れの中に充分な枚数の名刺が入っているかのチェックを忘れてはいけません。また、名刺を使ったら帰社してから、必ず補充をする習慣をつけましょう。念のため、名刺の入った名刺入れを2つ持っておくと安心です。

● 面談中の名刺の扱い方

　面談中、相手の名刺は名刺入れの上にのせて、自分の左斜め前に置きます。相手が複数の場合は、役職が一番上の方の名刺を名刺入れの上にのせて、ほかの方の名刺はテーブルの上に。このとき、座席順に合わせて名刺を並べておくと、顔と名前が一致します。

● 名刺入れをズボンに入れるのは厳禁!

　名刺交換をスムーズに進めるためには、名刺入れをすぐに取り出せる場所に入れておくことが大切です。男性はスーツの内ポケット、女性はバッグの取り出しやすい位置がベストです。

　男性の場合、取り出しやすさだけで考えると、ズボンのポケットも向いていそうですが、ズボンのポケットから名刺入れを出す姿は、洗練されているとはいえません。特に後ろのポケットから出した名刺を渡すことは大変失礼です。

▶ 名刺入れの選び方

● 必ず「専用の名刺入れ」を使う

　名刺は必ず「専用の名刺入れ」に入れます。財布や定期入れで代用していると、名刺が折れ曲がって、美しい状態でお渡しできません。名刺の「身だしなみ」にも気を配りましょう。最近は名刺入れを謳ってはいるものの、ICカードなども入れられる、兼用型のものがあります。このようなタイプも、あまりオススメできません。ビジネスシーンでは専用の名刺入れを使いましょう。

● 名刺入れの素材は「革製」がベスト

　名刺入れにはいくつかの素材がありますが、大半は「革製」か「金属製（アルミ、ステンレス）」のどちらかです。

　金属製は丈夫で長持ちですが、訪問先で落としてしまった場合、床を傷つけてしまう危険性があります。このような事態を避けるためにも、革製を使うことをオススメします。

　もし、金属製の名刺入れをすでにお持ちの場合は、予備の名刺を入れて、セカンド名刺入れとして使うといいでしょう。

● スリムなものより、厚みのあるものを

　名刺入れにはスリムなデザインのものが珍しくありません。特に革製のスリムなタイプは、見た目もスマートでオシャレです。

　とはいえ、薄いということは、収納枚数が少ないということ。ビジネスシーンでは、厚めの名刺入れが重宝します。

　受け取った名刺が名刺入れに入らないなどという事態を避けるためにも、ある程度の厚みは必要です。

● 「間仕切りのある二つ折り」がベスト

　革製の中でも二つ折りで、内部に間仕切りのあるタイプは便利です。いただいた名刺は手前、自分の名刺は奥に入れておくようにすると、間違えて他人の名刺を渡すようなミスが防げるからです。

　また、名刺入れを開いたとき、いただいた名刺を常に自分の名刺の上に位置することができるため、名刺をくださった方への敬意も表せます。

間仕切りタイプがオススメ！

第 **9** 章

社会人に求められる「ビジネス文書」の基本

他人に読まれることが大前提

38 ビジネス文書とは

> **チェックポイント**
> ❶ 「社内文書」と「社外文書」を区別
> ❷ 「A4判」「横書き」「1枚」が基本
> ❸ 1つの文書は1つの要件だけに

ビジネス文書は他人に読まれることが前提

　職場にはたくさんの文書が行き来しています。これらをまとめて「ビジネス文書」と呼びます。取引先への請求書も、上司への報告書もビジネス文書です。

　名刺交換や電話応対にマナーがあるように、ビジネス文書にもマナーがあります。マナーが守られていない文書は、低く評価されてしまいます。特に社外に発信する「社外文書」は、失礼の許されないフォーマルな文書です。書式に則って作成する必要があります。

▶ビジネス文書は大きく2種類に分けられる

● 社内文書

　組織内部で流通する多種多様な文書。一般的には部署名などで発信する。部やチームの意見をとりまとめることも多いですが、担当者の名前で発信されることも少なくありません。

● 社外文書

　組織外部に出ていく業務取引文書や社交文書。お礼状や請求書なども含みます。あなたが作成した文書でも、会社として発信するのが基本です。

▶ビジネス文書作成の原則

● 文章は「横書き」で。用紙は「A4判」で

挨拶状や案内状など、一部の社外文書を除けば、ビジネス文書は横書きで作成するのが一般的です。用紙は特別な場合を除き、「A4判（210×297ミリメートル）」を縦長に用います。判型を揃えるのは、整理・保存をしやすくするためです。

● なるべく1枚に収める

コピーやファイルをしやすいように、なるべく1枚に収めるのが理想です。文字フォントは10.5ポイントが標準となりますが、1枚に収めるために9ポイントに下げることもあります。詳細なデータが不可欠なときは、データ部分を「添付資料」として別にします。

● 複数ページの場合は通し番号を

文書によってはどうしても、1枚に収まり切らないこともあります。その場合は複数枚にして、ページ右上か下部中央に「ページ番号」をつけます。

その場合は「1／3」「2／3」「3／3」といった具合に、「現在のページ数／全体のページ数」と書くとわかりやすくなります。

● ホチキスを綴じる位置は左上

A4縦の2枚以上の文書をホチキスで綴じる場合、左上を斜めに綴じるのが一般的です。縦書きの場合は右上を綴じることもあります。

綴じたことで文章が見えなくなっている部分がないか、違う向きで綴じられているページがないかは、必ず確認しましょう。

最近は環境に配慮した「針を使わないホチキス」も販売されています。

● 1つの文書に1つの用件

複数の用件を詰め込むと、文書の目的がわかりづらい上、無駄に長くなってしまいます。文書ごとに用件を絞ります。

● 正式な文書は「正本」「控え」「写し」を作成

ビジネス文書は原則的に、発信する側が「控え」を保存します。

あなたが発信する場合、「正本（実際に送付する文書）」「控え（保管用）」「写し（関連部署などへ参考として通知する文書）」を作成することになります。同一の内容の文書を、3部用意するのが一般的です。

▶ 覚えておきたい「押印（おういん）」のマナー

　ビジネス文書は正式なものですから、あなたが作成した文書を上司や先輩に見せて、「押印」をいただくことがあります。キャリアを重ねれば、あなた自身が印を押す場面も出てくるでしょう。押印が曲がっていたり、周辺が赤く汚れているようでは、受け手の印象が悪くなってしまいます。押印はまっすぐに押すことがマナーです。

　特に社外文書では、押印は不可欠と思ってください。代表取締役の押印のある文書を、あなたが窓口となって発信する場面も出てきます。この場合は上司などを通じて、社長に印を押してもらうことになります。

● 社印だけの場合

　印影の偽造を防ぐために、社名の最後の1文字に印影の中心線がくるように押印する。

● 代表者印だけの場合

　印影の偽造防止のほか、署名が間違いないことを証明する意味で、氏名の最後の1文字に半分かかるように押す。ただし、印鑑証明書と照合する場合は、文字にかからないように押す。

● 社印と代表者印の場合

　契約書など特に重要な文書には、社印も代表者印も押印する。前者を社名、職名、氏名の中央に、後者を氏名の最後の1文字に半分かかるように押す。場合によってはかからなくてもよい。

発行年月日：2017年×月×日

御請求書

ベテラン株式会社　御中

株式会社ビギナー商事
郵便番号　987-6543
東京都千代田区平河町二丁目×番×号

ご請求合計金額　324,000円（税込）

件　名	数量	単位	単価	金　額

ルールに沿って、正しく、わかりやすく

39 ビジネス文書の書き方

> **チェックポイント**
> ❶ 名文でなくても、要点が伝わればOK
> ❷ 過去の「定型文」を活かして時間短縮
> ❸ 「用字」「用語」の使い方を正しく

「名文」より「良文」を心がける

　プライベートで「小説が好き」「文章が得意」といった人が、ビジネス文書がうまく書けるとは限りません。

　ビジネス文書で求められるのは、読みやすさと簡潔さ。小説のような「うまい文章」「凝った文章」は、ビジネス文書には求められていません。

　プライベートでは文章に自信のなかった人でも、ポイントさえ押さえておけば、ビジネス文書の達人になれます。

▶「定型文」を利用する

　会社として発信する社外文書は、大半が書式まで決まっています。社内文書でも、ほぼフォーマットが決まっています。

　このような文書は「定型文」に沿って書くことで、作成がスムーズになる上、読み手にも伝わりやすくなります。書式や文章の大枠が統一されていることで、管理・閲覧が容易になるのもメリットです。過去の文書を保存しておいて、必要に応じて書き換えましょう。

161

▶「わかりやすい文章」に仕上げるコツ

● 1つの文章を短くまとめる

1つの文章はなるべく短く、30〜50字以内でまとめるようにします。1文で1つの内容だけを扱い、余計な装飾語や接続詞を多用しないことも、読みやすい文書のポイントです。

●「結論」から先に書く

ビジネス文書も上司への報告と同じ。相手が知りたい「結論」を最初に伝えます。自分の見解や意見は後回し。

●「箇条書き」を活用する

内容が込み入っていたり、どうしても複数の用件を伝えなければならないときは、「箇条書き」を活用しましょう。無理に1つの文章に収めようとせず、ポイントごとに書き出していくのです。

たとえば、「提案は以下の3点です」といったことを書いてから、「・(なかぐろ)」に続けて1行に1つずつ提案を挙げていきます。1文が短くなるため、読みやすく、書く側の負担も軽減できます。

●「5W3H」を意識する

相手に伝えたい必須事項は「5W3H」を意識してまとめると、内容が具体的で伝わりやすくなります。特に「期日」「場所」「値段」などは重要な情報なので、一目でわかるようにします。

When 期日 (いつ、いつまでに)	What 目的 (何を)	Why 理由 (なぜ)	Where 場所 (どこで)
Who 相手 (誰が、誰に)	How 方法 (どのように)	How much 値段 (いくらで)	How many 数量 (いくつ)

▶ 曖昧(あいまい)な表現を避ける

ビジネス文書において「多額の予算」や「少し軽い」といった曖昧な表現はタブー。人によって受け止め方が異なるからです。数字で表現できることは、できるだけ数字で書きましょう。

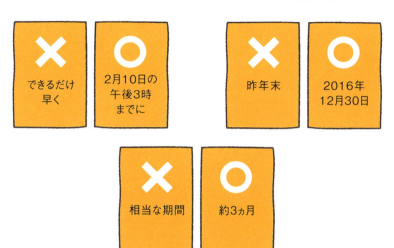

● 受け手だけに伝わる「特別な一言」を添える

ビジネス文書で便利な定型文ですが、ときには慇懃無礼に感じられたり、無味乾燥に受け取られてしまうことがあります。そこで定型文であっても、「気持ちを込めて書きました」というポイントを入れるとよいでしょう。

文中に相手の名前を入れたり、前回打ち合わせのお礼の一文を入れるだけでも、特別感を出すことはできます。そうした部分が1ヵ所でもあれば、残りは定型文でも気持ちが伝わり、受け入れられるでしょう。

●「用字」「用語」を正しく使う

　文章に用いるさまざまな文字を「用字」といいます。用字を組み合わせて、言葉にしたものが「用語」です。

　これらの用法が間違っていたら、内容が正しく伝わりません。ビジネス文書では、言葉の使い方にも意識を向けましょう。誤解を生みかねない表現は避けることです。

　用字にはひらがなやカタカナに加えて、「記号」や「符号」も含まれます。次ページでは、記号や符号の正しい使い方を紹介します。

●「区切り符号」の役割と使い方

○	句点。1つの文の終わりに使うのが原則。題名や表題には用いない。
、	読点。文の区切りや切れ目に用いる。日本語では語句を並列させる場合は「、」を使う。
：	コロン。項目名との区切りなどに用いる。 （例）日時：平成29年4月1日　場所：東京支社会議室
〜	なみがた。場所、期間、順序などの間隔を示すときに用いる。 （例）4月1日〜5月10日　東京〜京都　No.1〜5
「 」	かぎかっこ。会話や引用語句など、特に目立たせたい言葉を中に入れる。 （例）先日の報告では「10日に発送した」とのことです。
『 』	二重かぎかっこ。かっこの中にかっこが入る場合に用いる。 （例）報告書には「社長は24日『JAL242便』にて帰国予定」と記載されていました。

● **数字の書き方**

　漢数字ではなく「アラビア数字」を用いる。4桁以上の数字は「カンマ」で区切る。ただし、年号、電話番号、書類番号などはカンマをつけない。

（例）

● **時刻の書き方**

　ビジネス文書では24時間制を用いるのが原則。時と分の間に「：（コロン）」を入れて、数字とコロンだけで書いてもOK。

（例）

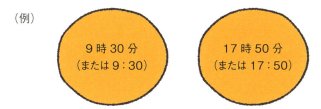

● **項目番号のつけ方**

　細目が多い場合は、次のルールに沿って数字をつけていく。なお、項目番号に「①、②、③」などの「丸つき数字」は使わない。ただし、項目内容をさらに細分化し、箇条書きにするときには、「①、②、③」などの「丸つき数字」を使用することもある。Eメールでは、文字化けなどの可能性がある機種依存文字として、これらは使用しない。

（例）

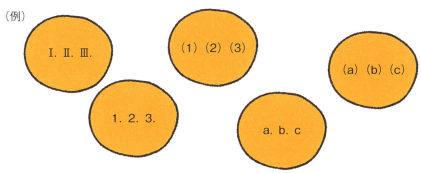

定型文を活用して、格調高く

40 頭語・結語・時候の挨拶・前文の挨拶・末文の挨拶

チェックポイント

① ルールに則って、よりフォーマルに
② 「頭語」「結語」は組み合わせに注意
③ 頭語に続けて「時候の挨拶」を

ビジネス文書ならではの「決まり事」

　あなたも「拝啓」「敬具」といった言葉はご存じと思います。手紙などの最初と最後に書かれる言葉ですね。最初にくる言葉が「頭語」、最後にくる言葉が「結語」と呼ばれています。

　ほかにも「時候の挨拶」「前文・末文の挨拶」など、文章には特有の「決まり事」があります。特に社外文書では、頻繁に用いられます。

▶ビジネス文書でよく使われる「決まり事」

● **頭語・結語**

　主文の最初と最後につく。「謹啓」には「敬白」、「前略」には「草々」といった具合に、組み合わせが決まっています。

● **時候の挨拶**

　季節や月ごとの決まった言い回し。季節と月によってだいたい決まっているが、自分で新しい挨拶文を考えてもよいでしょう。

● **前文・末文**

　主文の最初と最後につく。前文と末文の挨拶の組み合わせは決まっておらず、内容によって変わります。文書の目的に応じて、多くの言い回しがあります。

▶頭語と結語

用途	頭語	結語
一般的な文書	拝啓・拝呈	敬具・拝具
特に儀礼的な文書	謹啓・恭啓	敬白・謹言
返信する場合	拝復・復啓	敬具・拝具
急用の場合	急啓・急白	草々・不尽
前文を省略する場合	前略・冠省	草々・不尽
再度出す手紙	再啓・追啓	敬具・拝具
訃報	頭語なし	合掌

▶時候の挨拶

1月	新春の候　初春の候　厳寒の候	寒気厳しい折から
2月	余寒の候　晩冬の候　立春の候	梅のつぼみがふくらみ始めた今日このごろ
3月	早春の候　浅春の候　雪解けの候	春一番がふき / ようやく春めいて
4月	晩春の候　春暖の候　陽春の候	桜の便りが聞こえてくる今日このごろ
5月	新緑の候　若葉の候　薫風の候	風薫る爽やかな季節となりました
6月	梅雨の候　初夏の候　麦秋の候	梅雨の季節となりました
7月	盛夏の候　大暑の候　猛暑の候	暑さ厳しい折から
8月	残暑の候　晩夏の候　秋暑の候	残暑厳しい折から
9月	初秋の候　新秋の候　新涼の候	美しい秋晴れが続いております
10月	仲秋の候　秋冷の候　紅葉の候	そろそろ、街路樹が色づき始めました
11月	晩秋の候　向寒の候　霜冷の候	冬の気配が感じられる今日このごろ
12月	初冬の候　師走の候　寒冷の候	今年も残り少なくなって参りました

▶前文の挨拶

会社の繁栄を祝う	ご発展・ご隆盛・ご繁栄	（例）貴社ますますご発展のこととお慶び申し上げます。
個人の健康を祝う	ご健勝・ご清祥	（例）ますますご清祥のこととお慶び申し上げます。
時候の挨拶代わり	時下	（例）時下ますますご清栄のこととお慶び申し上げます。
普段は	平素	（例）平素は格別のご高配を賜り、厚く御礼申し上げます。
調べて受け取って	ご査収（さしゅう）	（例）書類を同封いたしましたので、ご査収ください。
自分をへりくだる	儀	（例）私儀このたび九州支店勤務を命じられ、
ついでに／かねて	かたがた	（例）ご挨拶かたがたお願い申し上げます。
略式の手紙で	略儀ながら 書中をもって	（例）まずは、略儀ながら書中をもってご挨拶申し上げます。
都合をつけてほしい	万障 お繰り合わせの上	（例）万障お繰り合わせの上、ご出席くださいますようお願い申し上げます。

贈り物をするとき	ご笑納 （しょうのう）	（例）粗品ではございますが、ご笑納いただければ幸いです。
今まで以上によろしく	倍旧の （ばいきゅう）	（例）倍旧のご指導のほど、よろしくお願い申し上げます。
気にしないでほしい	ご放念 （ほうねん）	（例）どうぞご放念くださいますよう、お願い申し上げます。
面会してください	ご引見 （いんけん）	（例）ご引見のほど、よろしくお願い申し上げます。
直接品を いただいたお礼	ご恵与 （けいよ）	（例）書類をご恵与賜り、厚く御礼申し上げます。
品物が送られてきた お礼	ご恵贈 （けいぞう）	（例）結構な品をご恵贈いただき、ありがとうございます。
一生懸命 努力すること	鋭意 （えいい）	（例）鋭意努力いたす所存でございます。
1つのことに 専念すること	専一 （せんいつ）	（例）ご自愛専一にお願い申し上げます。
連絡が遅くなった お詫び	ご無沙汰	（例）平素はご無沙汰いたしまして、誠に申し訳ありません。
初めて連絡する 相手へ	無礼	（例）突然、お手紙を差し上げる無礼をお許しください。

▶末文の挨拶

通知を目的とした文書	まずはご通知申し上げます。 まずは取り急ぎご挨拶まで。 取り急ぎご返事申し上げます。
案内を目的とした文書	お礼かたがたご案内まで。 ご案内かたがたご返事申し上げます。
返事を求める場合	お忙しい中、大変恐縮でございますが、お返事をいただきたく、お待ち申し上げます。 申し訳ございませんが、3月31日までにご回答いただければ幸いに存じます。
今後の親交を願う	今後ともよろしくお願い申し上げます。 変わらぬご愛顧のほど、よろしくお願い申し上げます。
断りの結び	あしからずご了承くださいますようお願い申し上げます。 誠に遺憾ながら、ご期待に添えかねますので、何卒ご容赦ください。
相手の健康や繁栄を願う	貴社のますますのご発展をお祈り申し上げます。 時節柄くれぐれもご自愛のほどお祈り申し上げます。

「身内」が読むから最小限の挨拶、敬語で、本題に

41 社内文書の基本

> **チェックポイント**
> 1. 敬語や挨拶は、最小限でも許される
> 2. 似通った内容が多いので、定型文を活用
> 3. 基本は「簡潔」で「わかりやすい」

社内での仕事中、頻繁に目にする文書

　社内文書は多種多様。「社員旅行の案内」「トイレや喫煙所の使い方」といったことも、社内文書に含まれます。

　これらはいわば、「身内」の人が読むものです。堅苦しい挨拶などはなくして、内容をわかりやすく伝えることが重要となります。もちろん、ビジネス文書である以上、最低限のルールは守らなければなりません。作成者や上司の押印が求められることもあります。

▶社外文書との主な違い

● **敬語は最小限**

　通常業務に関する文書なら、最小限の敬語でOK。ほかの多くの文書も「ですます調」で充分。ただし、始末書や進退伺では、最上級の丁寧な表現をしましょう。

● **前文・末文は不要**

　最低限の文書形式が守られていれば許されるので、形式的な「前文」と「末文」は原則不要。もし入れるのであれば、定型文よりもあなたの言葉をいれましょう。

▶社内文書の例・案内状

③宛名
部署名、役職名、氏名を記入。敬称は「様」「殿」、全社員への案内の場合は「社員各位」、部署への通知の場合は「部員各位」とする。

④発信者名
所属と氏名、役職名を記入。場合によっては連絡しやすいよう、内線番号やEメールアドレスも加える。部や課を代表する場合は「総務部」などの部課名だけにする。

①文書番号
管理が必要な文書に記入。

②発信日時
実際に文書を提出する日、発信する日付を書く。

⑤件名
内容がすぐわかるような件名をつける。紙面の左右中央に、本文より大きめの文字で書くと、バランスよくまとまる。

―― 新入社員各位

総務部発第25号
平成29年4月1日

―― 総務部研修担当

ビジネスマナー研修会の開催について

　入社おめでとうございます。
　つきましては、マナー力強化の一環として、新入社員を対象としたビジネスマナー研修を下記の通り開催いたします。日時は2日間設定しています。どちらかに必ず参加してください。

⑥主文
儀礼的な前文は不要。簡単な挨拶に続けて、単刀直入に用件を書き始める。主旨をはっきりと書く。

　　　　　　　　　　記

1. 日　　時：4月2日(木)、4月21日(金)(内容は同じです)
　　　　　　午後1時30分から5時
2. 場　　所：本社A会議室
3. 対　　象：本年度4月入社の社員全員
4. 申し込み締め切り：4月10日(月)
5. 研修内容：・ビジネスマナーの基礎基本
　　　　　　・ワンランクアップのマナー
　　　　　　・現場で活かせるマナー力をつける
6. 問い合わせ先：総務部研修担当　山田（内線　123）

追記　両日とも、午後1時15分から受付を開始します。時間厳守でご参加ください。
　　　　　　　　　　　　　　　　　　　　　　　　　　　　　以上

⑨以上
文章の終わりは「以上」「以上です」で締めくくる。

⑦別記
主文を受けて、具体的な内容を説明する部分。「日時」や「場所」など、必要な要素を箇条書きで列記。

⑧追記
主文に付記したほうがよい事項がある場合は、「追記」としてつけ加える。添付書類がある場合は「書類名」と「部数」を箇条書きにする。

⑩担当者の連絡先
返事が必要な内容なら、読み終わった後の相手の行動を考え、担当者の内線番号やEメールアドレスを明記するなどの心配りを。

ビジネス文書マナーのQ&A

Q ビジネス文書でも「追伸」を書いて大丈夫?

A 目上の方に対しては、「追伸」や「追記」は使用しないほうがよいと言われています。ただし、どうしても追伸で伝えなければならないことがあり、時間も無いときは、書き加えてもよいでしょう。このときは「P.S.」や「追伸」よりも、「追記」のほうがビジネスマナーに則ったものになります。

Q 取引先からお中元をいただいたのですが、お礼状を出すのを忘れていました。遅れて出しても、失礼になりませんか?

A 無視をするくらいなら、遅れても返信をするべきです。これは年賀状や暑中見舞いも同じです。届いてから3日以内なら、通常のお礼状で問題ありません。4日以上経っていたら、次のように簡単な理由とお詫びの言葉も添えましょう。

> お礼を申し上げるのが遅くなり、大変失礼いたしました

Q ビジネス文書でパソコンと手書きの使い分けは?

A 基本的に文書は、すべてパソコンでつくると心得ておきましょう。似たような文書をくり返し使うことが多いので、フォーマットとして保存しておき、使い回せるようにしておくと便利です。以前のフォーマットを使用するときは、人や部署名、社名などの固有名詞や日付、時候の挨拶文などを書き直したか、送信前に必ず確認しましょう。一方、ビジネス文書の中で「お礼状」や「お詫び状」は、手書きのほうが向いている場合もあります。手書きの文字には独特の温かみがありますから、パソコンの文字より誠意が伝わるケースが多いのです。もちろん、汚い字で乱暴に書くのはタブー。字が下手でも、丁寧に心を込めて書くようにすれば、きっと気持ちは伝わります。

回覧が必要な書類の注意点

社内文書によっては、部内で「回覧」をしなければならないものもあります。

このような文書を作成する場合、各自への通知ではないことを明確にするため、目立つように「回覧マーク」を入れるといいでしょう。空きスペースに大きく「回覧」と書いておくだけでも、趣旨は伝わります。

対象者全員に確実に見てもらうため、対象者の名前を入れた「チェック欄」を設けておくこともオススメします。読み終えた人には、自分のチェック欄にサインをしてもらうか、判子を押してもらう。これなら見ていない人が一目瞭然で、スムーズに次に回せます。

作成の目的も内容もさまざま

42 社外文書の基本

> **チェックポイント**
> ❶ 「連絡文書」は数字や事実関係に注意
> ❷ 儀礼的な「社交文書」で関係を良好に
> ❸ 目的を明確にして、相手に伝わるように

会社を代表して発信される書類

　ビジネス文書の大半は「社外文書」を示します。社外文書はコミュニケーションの手段として使われるだけでなく、記録を保存する意味合いも強いものです。そのため「前文や末文に挨拶を入れる」「敬語を正しく使う」といった形式や礼儀は欠かせませんが、最も大切なことは、内容を正確に記載すること。ミスがあったら、会社全体の責任になるので、より慎重に作成し、確認してから発送するようにしましょう。

▶2種類の社外文書

● 連絡文書

　見積書や請求書や依頼状など、社外との事務的な文書。金額や納期を含む場合は、特に数字や事実関係など、内容の正確さが求められます。

● 社交文書

　挨拶状や案内状やお礼状など、儀礼的な文書。「時候の挨拶」や「季節の挨拶」も、より丁重な言葉を用いると、格調が高まります。

▶社外文書の一般的な書き方

③宛名
社名、部署名、役職名、氏名、敬称の順に記入。発信者名より下の位置にこないよう気をつける。相手の社名は略さず、正確に。

②発信日時
原則として文書を発信する日を記入。いつ伝えたのかを明確にすることで後々のトラブルを防ぐ。

①文書番号
文書を管理するために、それぞれの会社のルールに基づいた文書番号をつける。後日、検索するときにも便利。

④発信者名
社名と部署名、氏名を記入。必要に応じて住所や電話番号などを入れたり、押印する場合もある。

第9章 社会人に求められる「ビジネス文書」の基本

---

123 - 456

平成29年4月16日

ベテラン株式会社
製造部
部長　ヤマダイチロウ様

⑤件名
文書の内容が一目でわかるように。紙面の左右中央に本文より大きめの文字で書くと、バランスよく、わかりやすい。

株式会社ビギナー商事
営業部
部長　タナカタロウ

〇〇について

拝啓　陽春の候、＿＿＿＿＿＿＿＿＿＿

さて、＿＿＿＿＿＿＿＿＿＿＿＿＿＿＿

まずは、＿＿＿＿＿＿＿＿＿＿＿＿＿＿

敬具

記

1. ＿＿＿＿＿＿＿＿＿＿＿＿＿＿＿＿＿
2. ＿＿＿＿＿＿＿＿＿＿＿＿＿＿＿＿＿
3. ＿＿＿＿＿＿＿＿＿＿＿＿＿＿＿＿＿

追記　＿＿＿＿＿＿＿＿＿＿＿＿＿＿＿

以上

⑥前文
冒頭の挨拶。「拝啓」などの頭語で始め、1字分空けて「時候の挨拶」や慶賀、日頃の感謝の言葉などを続ける。

⑨別記
日時など、主文の内容で箇条書きにしたほうがわかりやすい情報は、本文の下に別途に書く。

---

⑦主文
「さて」「ついては」など、本題に入ることを示す起辞(起こし言葉)の後に、用件を記入。

⑧末文
結びの挨拶で文章を締め、「敬具」などの結語で結ぶ。結語とは頭語と対になる言葉をいう。

⑩追記
本文に付記したほうがよい事項がある場合は、「追記」としてつけ加える。添付書類がある場合は「書類名」と「部数」を箇条書きにする。

⑪最終結語
別記、追記がある場合は、最後は必ず「以上」で結ぶ。

▶社外文書の例・案内状

　説明会やキャンペーンなどへの参加を案内するときは、相手のメリットを強調します。読み手の興味を引くように、体裁や表現にも工夫を凝らします。

123－456
平成29年4月16日

ベテラン株式会社
製造部　ヤマダイチロウ様

株式会社ビギナー商事
営業部　タナカタロウ

マナースキルアップ研修会のお知らせ

拝啓　春暖の候、貴社ますますご清栄のこととお慶び申し上げます。
　平素は格別のお引き立てを賜り、厚く御礼申し上げます。
　さて、本日は「マナースキルアップ研修会」のご案内を申し上げます。
　本年度も、昨年好評でした阿部まさこ先生をお迎えして、すぐに役立つワンランク上のマナーを一日で学んでいただく、マナー研修会を企画いたしました。
　つきましては、下記の日程にて開催いたしますので、ご多忙とは存じますが、御社の人材育成にお役立ていただければ幸いでございます。
　皆様のご参加をお待ち申し上げております。
　ご検討のほど、よろしくお願い申し上げます。

敬具

記

　参加費：無料
　日　時：平成29年×月×日　午前10時～午後5時（お昼休憩1時間）
　場　所：弊社3階A会議室（会場までのアクセスは別紙地図をご参照ください）

追記　＊ご参加の際は本状をお持ちください。特典映像をお渡しいたします。
　　　＊くれぐれもお気をつけてお越しくださいませ。

以上

日時や開催場所は別記とした上で箇条書きに。来場特典がある場合は必ず記載。

会場までの地図や交通手段は別紙で詳しく記すのがベスト。

「くれぐれもお気をつけてお越しくださいませ」などのひと言を添えると、杓子定規の無味乾燥な文書から、思いやりの真心のマナー文書になります。

▶社外文書の例・お礼状

　お礼状で大切なのはタイミング。贈り物をいただいたら、即、お礼の連絡をします。贈り物へのお礼などは、届いてから3日以内に出すのが礼儀。書式に則り、心を込めて書きます。

　　　　　　　　　　　　　　　　　　　　　平成29年4月16日

　ベテラン株式会社
　製造部　ヤマダイチロウ様
　　　　　　　　　　　　　　　　　　　株式会社ビギナー商事
　　　　　　　　　　　　　　　　　　　　営業部　タナカタロウ

　拝啓　貴社ますますご繁栄のこととお慶び申し上げます。
　　日頃は格別のご愛顧を賜り、厚く御礼申し上げます。
　　さて、昨日は、ご当地ならではの、大変貴重な美味しい
　お菓子をご恵贈くださり、誠にありがとうございます。
　　部員一同大喜びで、さっそくいただいております。
　　今後も貴社のご信頼にお応えできますよう、誠心誠意努めて
　参る所存でございます。
　　引き続き、ご指導のほどお願い申し上げます。
　　まずは書中をもちまして、御礼申し上げます
　　　　　　　　　　　　　　　　　　　　　　　　敬具

社外文書として送られてきた時に記載されている名宛てに出すのが原則。一般的には代表者や部署のトップ、担当者名が多い。

お礼を言うべき事柄ははっきりと。「その節は〜」「その折は〜」「例の〜」といった曖昧な書き方は失礼となる。

▶ 社外文書の例・依頼状

快く引き受けてもらえるように礼儀を尽くします。依頼する目的、なぜ依頼するのかなども、明記するとよいでしょう。

---

123 - 456
平成29年4月16日

ベテラン株式会社
製造部　ヤマダイチロウ様

株式会社ビギナー商事
営業部　タナカタロウ

中堅社員スキルアップ研修見積書ご送付のお願い

拝啓　貴社ますますご清栄のこととお慶び申し上げます。
　日頃は格別のお引き立てを賜り、厚く御礼申し上げます。
　さて、弊社では、このたび貴社の中堅社員スキルアップ研修を検討しております。つきましては大変恐縮でございますが、下記条件で研修費をご提示いただけますと幸いに存じます。
　ご多忙中お手数をおかけしますが、○月○日必着で、弊社人事部宛てに見積書の送付をお願い申し上げます。
　まずは取り急ぎ、書中をもってお願い申し上げます。

敬具

記

1　品　　名：中堅社員スキルアップ研修
2　人　　数：100名
3　開催日：平成29年×月×日
4　開催場所：○○研修センター
5　支払い条件：翌々月銀行振り込み

以上

依頼内容がすぐにわかるように、件名を具体的に記入。

依頼の目的を明らかにする。

依頼内容の詳細や期日は、箇条書きでわかりやすく書く。

「ご多忙中お手数をおかけしますが」「大変恐縮でございますが」など、相手の立場に立った「クッション言葉」を必ず入れる。

▶社外文書の例・回答返信

　相手は回答を待っているのですから、相手が最も知りたい結果、あなたの結論を最初に書きましょう。

　　　　　　　　　　　　　　　　　　　　　　　123－456
　　　　　　　　　　　　　　　　　　　　　平成29年4月16日

ベテラン株式会社
　製造部　ヤマダイチロウ様

　　　　　　　　　　　　　　　　　　　株式会社ビギナー商事
　　　　　　　　　　　　　　　　　　　　営業部　タナカタロウ

拝復　陽春の候、御社におかれましてはますますご清栄のこととお慶び申し上げます。
　さて、×月×日付の貴信にてお申し出いただきました新規お取引の件でございますが、このたびお受けいたすことに決定いたしましたので、ここにご通知申し上げます。
　貴社の流通ネットワークと営業力、そして弊社の技術力を合わせれば、○○の販売は素晴らしい業績を上げうるものと確信いたしております。何卒、よろしくお願い申し上げます。
　つきましては、取引条件、契約書様式、その他関係書類一式を同封いたしましたので、ご検討の上、ご都合のよい面談日をお知らせくださいますようお願い申し上げます。
　ご不明な点などございましたら、私、タナカまで遠慮なくお申し出くださいませ。
　まずは、取り急ぎご返事申し上げます。

　　　　　　　　　　　　　　　　　　　　　　　　　　敬具

頭語は「拝復」とする。

「先日お問い合わせいただいた件」などと曖昧にせず、照会日を明確に。

結論から先に伝える。即答できないときは、「もう少しお時間をいただきます」「後日、あらためてお答えいたします」といったことを伝える。

「ご不明な点などございましたら、私、タナカまで遠慮なくお申し出くださいませ」など、担当者を明記する。窓口を一本化させることで、情報の混在を防ぐ。

第9章　社会人に求められる「ビジネス文書」の基本

▶社外文書の例・お詫び状

　お詫び状は自社の非に対して、相手を不快にさせて、迷惑をかけたことに対する謝罪の言葉から始まります。このような事態になった原因も伝え、原因がわからない場合は「原因究明の努力や今後の対処法」などもしっかり示します。誠意を伝えるには、早急に対策を講じることが大切。

　　　　　　　　　　　　　　　　　　　　　　　　　123 - 456
　　　　　　　　　　　　　　　　　　　　　　　　平成29年4月16日

ベテラン株式会社
製造部　ヤマダイチロウ様

　　　　　　　　　　　　　　　　　　　　　　株式会社ビギナー商事
　　　　　　　　　　　　　　　　　　　　　　　営業部　タナカタロウ

　　　　　　　　　　納期延長のお詫び

拝啓　貴社ますますご隆盛のこととお慶び申し上げます。
　日頃は格別のお引き立てを賜り、厚く御礼申し上げます。
　さて、×月×日付でご注文を賜りました「A商品カタログ」につきまして、納期期日を守ることができず、大変申し訳ございません。
　貴社には大変ご迷惑をおかけいたし、誠に申し訳なく、深くお詫び申し上げます。
　遅延の原因は印刷機に発生したトラブルで、このためにカタログの完成が大幅に遅れることとなりました。
　現在、遅れを取り戻すべく全社をあげて努力いたしておりますので、何卒ご事情ご推察の上、今しばらくのご猶予を賜りますようお願い申し上げます。
　4月末には必ず納品できるようにいたします。
　まずはお詫びかたがた、ご報告申し上げます。

　　　　　　　　　　　　　　　　　　　　　　　　　　　　敬具

- くどい言い訳にならないように、事実を簡潔に記す。

- 過失がある場合は原因を明らかにし、率直に謝意を示す。

- いつまでにできるのか、現状から判断して最速の期日を伝えるなど、具体的な対処法を述べる。

- 面倒や迷惑をかけてしまう場合、そのことにも触れて、あらためてお詫びを。

「御中」と「様」を使い分けていますか?

43 封筒・葉書の宛名書き

第9章 社会人に求められる「ビジネス文書」の基本

> **チェックポイント**
> ① 宛名書きにも「縦」と「横」がある
> ② 縦書きで番地などは漢数字
> ③ TPOをわきまえれば、葉書もOK

儀礼文書は縦書きで丁重に

　封書などの宛名や差出人の書き方には「縦書き」と「横書き」があります。

　宛名の書き方や切手の貼る位置も、その形によって異なります。封筒の形や葉書など、様々な形に則した書き方などもマスターしましょう。

▶ビジネスシーンにおける「葉書」の扱い

　「葉書」は封書の役割を簡略化したものです。原則としてビジネス文書には用いません。文面がむき出しで簡単に読めるため、情報漏洩のリスクもあります。

　しかし、暑中見舞いや年賀状など、葉書前提のコミュニケーションもあります。また、開封の手間を省けるため、場合によっては「相手にすぐに読んでもらえる」メリットもあります。親しい相手に対してなら、お礼状として使用してもOK。思い立ったらすぐに書けるのも、葉書ならではの魅力です。

▶封筒の宛名書き（和封筒）

● 表書き

①切手
切手を貼るときは、重さや大きさに合った金額の切手を貼る。切手はなるべく1枚だけに。記念切手などを何枚も貼るのはNG。

②住所
右端を1～1.5センチほど空けて、「郵便番号の下4桁の幅」（※）に収まるように住所を書きます。縦書きなので、番地は漢数字で。できるだけ1行にまとめますが、どうしても収まり切らない場合、ビル・建物名などを2行目に送り、1行目の最初の1文字半分の位置から書く。番地の途中では改行しないこと。
郵便番号さえ書いておけば、都道府県名は省略しても相手に届くが、ビジネス文書として出す場合、省略しないほうがより丁寧さが伝わる。

③宛名
位置は封筒中央に書きます。住所よりも少し大きめの字で。ただし肩書きは氏名よりもやや小さ目に。社名は略さず「○○○○株式会社」「株式会社○○○○」と正式名称で書きます。
敬称は、一般的には次のようになっています。連名にするときは「ヤマダイチロウ様、スズキジロウ様」といった具合に、それぞれの名前に敬称をつける。「殿」は役所などで今でも使われている場合があるが、一般企業では使用しない傾向になっています。

用途	敬称	使用例
個人 （一般、企業・役所関係）	様	ヤマダイチロウ様
企業・役所・団体宛	御中	ベテラン株式会社 御中／ 総務部 御中
教師・学者・医師・弁護士など	先生	教授　キムラ サブロウ 先生
複数の個人宛 （同文送付）	各位	各位／お客様各位／ 社員各位

④内容表示語（外脇付）
左下に小さめの字で書く。意味はそれぞれ、以下のようになる。

- 親展…宛名の本人が開封してください。
- 重要…重要な文書なので丁重に扱ってください。
- 至急…届いたらすぐ開封して迅速に対処してください。
- ○○在中…○○が入っています（請求書在中、資料在中など）。

● 裏書き

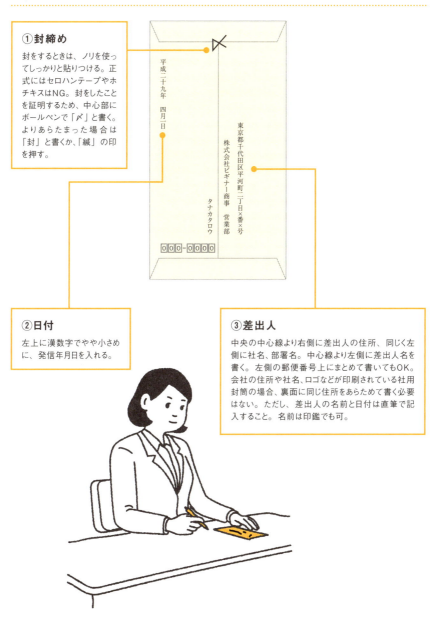

①封締め
封をするときは、ノリを使ってしっかりと貼りつける。正式にはセロハンテープやホチキスはNG。封をしたことを証明するため、中心部にボールペンで「〆」と書く。よりあらたまった場合は「封」と書くか、「緘」の印を押す。

②日付
左上に漢数字でやや小さめに、発信年月日を入れる。

③差出人
中央の中心線より右側に差出人の住所、同じく左側に社名、部署名。中心線より左側に差出人名を書く。左側の郵便番号上にまとめて書いてもOK。会社の住所や社名、ロゴなどが印刷されている社用封筒の場合、裏面に同じ住所をあらためて書く必要はない。ただし、差出人の名前と日付は直筆で記入すること。名前は印鑑でも可。

▶ 封筒の宛名書き（洋封筒／横書き）

● 表書き

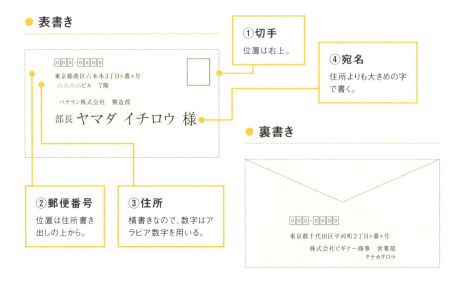

● 葉書の宛名書き

葉書の場合、差出人の住所は表面に書きますが、裏面に書いても構いません。表面に書く場合、左端に小さい文字で書きます。郵便番号も忘れずに書くこと。

▶ 手紙・文書の折り方、入れ方

　和封筒に入れる手紙や文書は、通常「三つ折り」にします。しかし、封筒のサイズによっては「四つ折り」にする場合もあります。
　折り数はできるだけ少なくして、折り方も入れ方も相手が開封したときに読みやすい状態にすることがマナーです。

　三つ折りの場合、下から上に1／3折り、さらに上から下に折り重ねます。四つ折りの場合は下から上に半分折り、さらに上から下に折り重ねます。相手の社名や氏名に折り目がつかないように配慮します。
　入れ方は、手紙や文書の書き出し部分が右上になるようにします。相手の社名や名前が上にくることにも注意しましょう。

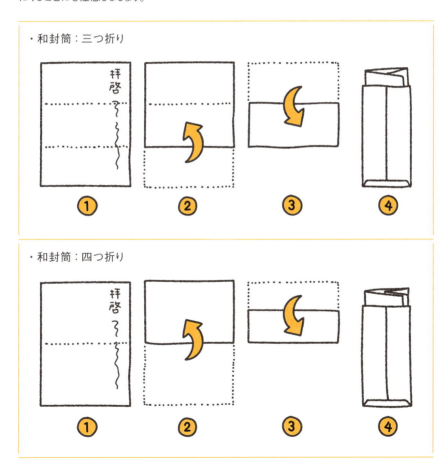

44 招待状・案内状への返事

そのまま返信したら、無礼千万?

> **チェックポイント**
> ① 出欠を伝えるだけでなく、何か一言を
> ② 自分に対する敬称は消す
> ③ 逆に、相手に対しては敬称を書き加える

社会人のつき合いにイベントは必須

社会人になると、「招待状」や「案内状」をいただく機会も増えてきます。会社の同僚や取引先の結婚式に招待されることもあるでしょう。

そのほかにも式典や祝賀会など、会社にはさまざまなイベントの案内状が届きます。そのどれもが、ほぼ「慶び事」の案内です。相手を祝う気持ちが伝わるように、マナーある返事を出しましょう。そのためには、「御出席」「御欠席」「御住所」「御芳名」を、そのままにして返信してはいけません。

▶返信用葉書には「メッセージ」を添える

返信用葉書の余白部分には、メッセージを添えると喜ばれます。出席の場合はお祝いの気持ちや、ご招待くださったことへの感謝の気持ちを。欠席の場合は「お祝いの言葉＋欠席の理由とお詫びの言葉」を書き添えましょう。

ただし、理由は明確に書かないのがマナー。「やむを得ない事情により」などとぼかすのが大人のマナーです。

▶招待状を受け取ったときの注意点

● 届いてから2〜3日以内に返信する

　招待状には返信の期日が書かれていますが、その期日にかかわらず、予定がわかっていれば手元に届いてから2〜3日以内、遅くとも1週間以内には返事を出すと良いでしょう。

　迅速な対応で、相手へのお祝いの気持ちを示すことができます。

● 必ず、同封の葉書で返信する

　口頭、またはメールで返事を伝えている場合も、必ず返信用葉書は出しましょう。招待状が届くような正式な会には、こちらも添えられた葉書で正式に返信するのが、相手の立場に立ったマナーです。

　先方は最終の出欠確認を葉書で行うことも多いため、口頭やメールで返答するだけでは、迷惑をかけてしまう危険があります。

● すぐに返事ができなければ、まず電話を

　当日の予定がはっきりしないなど、すぐに返事ができない場合は、相手にその旨を連絡します。

　お祝いと招待へのお礼を述べてから、自分の置かれた現在の状況と、いつ頃までに返事ができるのかを伝えます。

　期日になっても返事ができない場合は、いつまでなら返事を延ばしてもらえるのか、先方に相談してもよいでしょう。延ばしてもらえない場合は、残念ながら欠席を選択するほうが、迷惑をかけないことになります。

● 欠席するときはフォローを忘れずに

　スケジュールが合わずに欠席する場合でも、当日会場に届くように祝電を送ると、気持ちが伝わり喜ばれます。

▶ 返信用葉書の書き方

● 表書き

- 相手への敬意を払うため、宛名の下の「行」を二本線で消して、敬称に書き直します。
- 個人名は「行 → 様」に。会社名や団体名は「行 → 御中」に。

● 裏書き／出席の場合

- 「御出席」の「出席」を○で囲み、「御」の字を二本線で消して、「いたします」と書き加えます。「御欠席」はすべて二本線で消します。
- 「御住所」の「御」と「御芳名」の「御芳」を二本線で消して、その下に住所と氏名を記入します。余白に一言、お祝いのメッセージを書き添えると、気持ちが伝わり、喜ばれます。
- 「、」「。」といった句読点は、「途切れる」「終わる」につながるという意味から、お祝い事には使わないほうがよいとする考えもあるため、使用しないほうがいいでしょう。

（例）このたびはおめでとうございます
　　　喜んで出席させていただきます

● 裏書き／欠席の場合

- 「御出席」をすべて二本線で消します。「御欠席」の「欠席」を○で囲み、「御」の字を二本線で消して、「いたします」と書き加えます。
- 「御住所」の「御」と「御芳名」の「御芳」を二本線で消して、その下に住所と氏名を記入します。
- 余白に、お祝いの言葉と欠席の理由、お詫びの言葉を簡潔に記します。

（例）このたびは誠におめでとうございます
　　　せっかくのお招きですが海外出張のため
　　　出席できず申し訳ございません
　　　ご盛会を祈念いたしております

表書き

出席する場合

欠席する場合

45 「一筆箋」の使い方

手書きの温かさを多くの人に

チェックポイント
1. メモとしても使える小さな便箋
2. 通常の手紙と違い、自由度が高い
3. ビジネスシーンでの活用範囲も広い

気軽に書ける「郵便物のツイッター」

「一筆箋」とは短冊形の小さな便箋で、横8センチ×縦18センチ程度のものがよく使われます。あまり馴染みがないかもしれませんが、文房具店に探しにいけば、実にたくさんの種類が並んでいるものです。

直筆の手紙には、パソコンで作成した文書にはない温かみがある反面、気軽に書きづらいデメリットもあります。短文でも許される一筆箋は、この弱点を軽減してくれます。手紙を書く楽しさを教えてくれる便利アイテムです。

▶一筆箋の特徴と強み

●**気軽さ**

サイズが小さいので、肩肘張らずに書けます。最初から長文を目的としていませんから、数行でもまったく問題ありません。

●**自由さ**

書き方にもこれといった決まりがありません。本格的な手紙と違い、「頭語」や「結語」、「時候の挨拶」がなくても問題ありません。

▶ビジネスシーンでの使い方

　ビジネスシーンでは一筆箋を、メモ代わりに使える場面があります。デザイン性に富んだものが多いので、お客様や上司などにメモ書きを渡すときなどには、単なるメモ帳より上品で温かみが感じられるでしょう。

取引先へ資料などをお送りするとき、添え状のほかに一筆箋に手書きのメッセージを添えると、丁寧さが伝わります。

お客様にご注文いただいた商品をお送りするとき、感謝の気持ちや次につながる一言を、一筆箋に書いて同封することも可能です。

社内では、同僚に何かを依頼したりお礼をするとき、一筆箋で一言を添えるといった使い方ができます。旅行のお土産を渡したり、差し入れをするときにも。

▶一筆箋を使うときの注意点

自由度の高い一筆箋ですが、相手や状況、用途に応じた配慮が必要です。

最初に相手の名前、最後は自分の名前を書きます。特に社外の人に宛てるときは、相手の方の名前も自分の名前も、フルネームで書きましょう。会社名や部署名まで書くと、より丁寧になります。

社外の人に添える一筆箋は、シンプルで上品な印象を与えるものが無難。無地の縦書きが、最もフォーマルな印象を与えます。送る相手との関係によっては、季節を感じさせるワンポイントのイラストなどが入っていても、失礼には当たりません。

資料に添えるときは、クリアファイルに資料と共に入れたり、資料にクリップで挟むなど、まぎれないようにする工夫が必要です。

一目で内容がわかるように、伝えたいことを簡潔に書きましょう。

第 10 章

社会人に求められる 「ビジネスメール」の基本

46 メールの特徴

今ではビジネスの現場に欠かせない！

> **チェックポイント**
> 1. ビジネスにおいて必要不可欠なツール
> 2. 手紙や会話に比べ、マナーが軽視されがち
> 3. メールでのトラブルは、大事（おおごと）になることも

メールのマナーは軽視されやすい？

ビジネスでは電話やＦＡＸに加えて、「メール」が頻繁に用いられます。単なる伝達手段としてだけでなく、情報の保管・共有・加工などにも使われ、今やメールなしでは業務が滞ってしまいます。

その一方で、手紙や会話と比べると、マナーが軽視される傾向も見受けられ、言葉の選び方によっては誤解を生んでしまう可能性があります。メールの特徴を理解した上で、相手に対する配慮、気配りがあって初めて、ビジネスの強い味方になってくれるのです。

▶ **メールのメリット、デメリット**

● メールのメリット
- 自分の都合のよいタイミングで、瞬時に送信できる。
- 「送信履歴」が証拠として残る。
- 一度に複数の相手に送信できる。

● メールのデメリット
- いつ読んでもらえるかわからない。
- 文字化けなどで、相手が読めないことがある。
- 文章の書き方によっては、内容を誤解される。

▶ メールの特徴

● 機能性の高いコミュニケーション手段

　第9章でお話ししたように、ビジネス文書には数多くの決まりがあります。特に社外文書では「頭語（とうご）」「結語（けつご）」「時候の挨拶」などが不可欠でした。
　メールでは、こうした儀礼的な挨拶は必要ありません。「お世話になっております」程度の簡単な挨拶だけで、本題に入ることが一般的です。メールは瞬時に相手に届き、手紙と比べると、機能性の高いコミュニケーション手段といってもいいでしょう。

● 複数人に同時に送れる。ファイルの添付も可能

　手紙を複数の人に送るためには、文面を必要な数だけコピーしてから、同じ数の封筒に入れなければなりません。大変な手間がかかる作業です。
　これがメールの場合、メールアドレスを入力するだけで、同じ文面を同時に複数人に送ることができます。費用もほとんどかかりません。さらに「添付ファイル」という形で、画像やPDFなどのデータを同時に送れます。これもメールの強みです。

● 急ぎの連絡には不向き

　パソコンのメールアドレス宛てに届いたメールを、携帯電話やスマートフォンに転送している人もいます。このような環境では、ほぼリアルタイムで、メールを送受信することが可能です。
　しかし、タイムラグが手紙より少ないというだけで、マイナス点がないわけではありません。送信したメールがどのタイミングで読まれて、どのタイミングで返信があるかは、手紙同様にわかりません。
　週に1～2回しか、メールをチェックしない人もいますし、メールのチェックは欠かさなくても、返信が遅い人もいます。このような人に送ったときは、なかなか返信が届かないでしょう。
　自分が即座に送受信できるからといって、ほかの人も同じだと思うのは危険なこと。相手がメールをいつ読んでくれるかわからないことを、肝に銘じておきましょう。

● フォローが難しい上、誤解を生みやすい

　打ち合わせや面談のように、リアルタイムで進むコミュニケーションは、ミスのフォローもしやすいものです。ところが、文字だけのコミュニケーションであるメールの場合は、送信したメールを相手が読んでいるのか、正しく理解してくれているのかは返事がくるまでわかりません。また、微妙な感情が伝わりにくく、場合によっては一方通行になってしまう可能性があります。最悪の場合、相手の不快感に気づかぬまま、同じようなメールを送り続けてしまうことも考えられます。
　文字だけのコミュニケーションは、もともと誤解を生みやすいもの。メールの書き方を間違えたら、大きなトラブルにもなりかねません。「攻撃的な文章は書かない」「一方的な言い方はしない」「相手を否定する言葉は使わない」といった配慮が必要です。

第10章　社会人に求められる「ビジネスメール」の基本

流れに沿って、正しく伝わるように

47 メールの基本的な書き方

> **チェックポイント**
> 1. 「宛名」「件名」「本文」「署名」で構成
> 2. 「件名」だけでも、内容が伝わるように
> 3. 簡単でもいいので、本文に「挨拶文」を

社外メールでのミスは絶対に避ける

　経営者や幹部宛てのメールを除けば、社内メールの書き方を少しくらい間違えても、大事にはなりません。あなたの書き方に難があれば、上司や先輩が注意してくれることでしょう。

　一方、社外メールでミスをしたら、深刻な問題に発展する危険性もあります。マナーに沿ったメールの書き方を身につけましょう。メールの文面は「宛名」「件名」「本文」「署名」に分けられます。

▶メールを構成する4つの要素

● **宛先**
　メールの受信者のメールアドレスを入力する。アドレス帳に登録してあれば、名前を選択するだけでOK。

● **件名**
　メールのタイトル。本文より先に受信者が目にするため、一見して内容がわかるものに。

● **本文**
　メールの本体。最初に「簡単な挨拶文」や「自己紹介」も入れる。

● **署名**
　メールの送信者であるあなたの名前。メールソフトに登録可能。

▶メールの書き方

①　ベテラン株式会社 _ ヤマダ様 <○○○○@○○.co.jp>

②　3月10日（金）お打ち合わせの件（ビギナー商事・タナカ）

③　ベテラン株式会社
　　製造部　ヤマダイチロウ様

　　いつも大変お世話になっております。
　　株式会社ビギナー商事のタナカタロウでございます。

　　（以下、本文）
　　------------------------------------
④　株式会社ビギナー商事
　　タナカタロウ
　　東京都港区○○○○○
　　TEL：03-123-4567
　　FAX：03-123-4568
　　E-MAIL：○○○○@○○.co.jp
　　URL：http://www.○○○.co.jp
　　------------------------------------

①宛先

・受信者のメールアドレスを入力する（アドレス帳に登録してある場合は登録名が表示される）。

・頻繁にやり取りする相手のメールアドレスは、「アドレス帳」に登録しておくと便利。

・アドレス帳に登録するときは、お客様や社外の人を呼び捨てにしないように、「様」などの敬称をつけておく（メールソフトやメールシステムによっては不可能な場合もある）。

・未登録の相手に送る場合、直接メールアドレスを入力する。1文字でも間違えると相手に届かないので、入力ミスのないように。

②件名

・メールのタイトル。ここが空欄だと用件が伝わらない上、件名を書く手間を省いたように思われるので要注意。

・「おはよう」「こんにちは」など、日常の挨拶言葉は書かない。

- 「来週の企画会議の日程の件」「新作発表会のお知らせ」など、件名だけで内容がわかるように。

- 件名の後に（ビギナー商事・タナカ）といった具合で、かっこ内に社名と自分の名前を入れると、さらによい。誰からのメールかがわかりやすいし、後から簡単に検索できる。

- すぐに確認してもらいたいときは、【緊急】【重要】【至急】などの一言を添えてもよい。目上の人に送るときは、【緊急です】のような書き方をすると、上から目線の印象がなくなる。

③本文

- 本文の冒頭には「受信者の名前」を明記する。

- 初めてメールを送信する際には、「ベテラン株式会社 製造部部長 ヤマダイチロウ様」といった具合に、「会社名＋部署名＋役職名＋氏名＋敬称」を明記すると、大変丁寧な印象を与える。会社名は「（株）」と略さない。

- 社名に続けて、簡単な挨拶文。すでに面識がある場合、「大変お世話になっております。」がよく使われる。「ヤマダ様、いつもお世話になっております。」のように、受信者の名前まで書くと、特別感が出て喜ばれる。

- 挨拶文に続けて、送信者の自己紹介。「ビギナー商事のタナカです。」と、社名と名前だけでOK。初めての相手に送るときだけは、「ビギナー商事 営業部のタナカと申します。」と、部署名まで書くとより親切。

- 以降は本題を進める。1行は30～35文字以内で改行を入れ、1段落はなるべく2～3行にまとめる。段落ごとに1行空ける。

④署名

- 文末には必ず署名を入れる。誰からのメールなのかが再確認できる。また受信者が後日、連絡しやすくなる。

- 「会社名」「名前」「住所」「電話番号」「FAX番号」「メールアドレス」「自社サイトのURL」は必須情報。

- 署名のフォーマットをいくつか作り、事前に登録しておくと便利。

```
株式会社ビギナー商事
タナカタロウ
東京都港区○○○○○
TEL：03-123-4567
FAX：03-123-4568
E-MAIL：○○○○@○○.co.jp
URL：http：//www.○○○.co.jp
```

▶ メールの読みやすいレイアウト

>
> ベテラン株式会社
> 製造部 ヤマダイチロウ様
>
> いつも大変お世話になっております。
> ビギナー商事のタナカタロウでございます。
>
> この度は、弊社商品購入のご検討をいただきまして誠にありがとうございます。
>
> 早速ですが、お打ち合わせの日程、概要についてご連絡申し上げます。
>
> ■日時　3月10日（金）10：00〜11：30
> 　　　　3月13日（月）13：30〜15：00
> 　　　　3月14日（火）13：30〜15：00
> 　　　　＊ご都合の良い日時をご指定くださいませ。
>
> ■場所　弊社A会議室
>
> ■内容　1．商品の詳細
> 　　　　2．納期について
>
> 尚、日時につきましては、お忙しいところ恐縮ですが、
> 3月1日（水）17時までにご返事いただけましたら幸いです。
>
> 皆様のお役に立つ、よりよい商品がご提供できるよう
> 精いっぱい努めさせていただきます。
>
> 引き続き、よろしくお願いいたします。

　スクロールしなくても全文が読めるように、メールはなるべく1画面に収めましょう。あまり長いメールは歓迎されません。
　とはいえ、話の内容によってはどうしても、長文にせざるを得ないケースもあります。そのような場合でも、相手が読みやすいレイアウトにしましょう。次のことを意識すると、読みやすく伝わりやすいメールになります。

- 拝啓／敬具などの頭語と結語は不要。
- 行頭は1字空けずに、左寄せでスタート。
- 1行は35文字程度として、それ以上の場合は改行する。
- 段落ごとに1行空けると読みやすい。1段落はなるべく2～3行、長くても5～6行まで。
- 話題が複数ある場合は、話題ごとに「■」などの目印と見出しをつける。

```
■明日の会議の件
　明日の会議は～
```

```
■来月の出張の件
　来月の上海出張の件ですが～
```

```
■ヤマダ様との面談の件
　ベテラン株式会社の
　ヤマダ様との面談の日程ですが～
```

▶社内メールの書き方

　社内メールは社外メール以上に、用件を簡潔に伝えることが大切です。一般的には「余計な言い回しを避ける」「過剰な敬語は不要」「挨拶は省略してもよい」とされています。

　もちろん、これらはあくまでも原則です。メールを送る目的によっては、言い回しに気を遣う必要は出てきます。敬語も過剰に使う必要がないだけで、そっけない表現やラフな言葉遣いまで許されるわけではありません。簡単な挨拶でも、一言あれば気分がいいものです。

　次の文面を比べてみましょう。

【A】
```
サトウ部長

明日の会議は、15時からです。
```

社内メールであっても、せめて次のような書き方はしたいものです。

【B】
```
サトウ部長

サトウさん、お疲れ様です。
明日の会議は、15時からです。
よろしくお願いします。


営業1課　タナカタロウ
内　　線　XXXX
```

　最近は上下関係の垣根をなくそうと、役職名をつけずに「さん」づけで呼ぶ企業も多くなりました。要件を簡潔に伝えるメールですが、【B】のほうが相手に対する敬意や丁寧さが伝わります。

手紙では不可能な機能を使いこなせ！

48 返信・転送・添付

チェックポイント

① いずれもメール特有の機能。利用頻度も高い
② 「返信」では件名の扱いに注意
③ 「転送」では元々の送信者への配慮を

メールならではの便利な機能だが…

メールでは「返信」「転送」「添付」を活用する場面も数多くあります。あなたも頻繁に使っていると思います。こうした機能を使うときも、マナーに気を配る必要があります。場合によっては、相手にとって負担になることもあるからです。

ほかにもメールには、複数人に同時に送る「ＣＣ」「ＢＣＣ」といった機能があります。これらも便利な反面、細心の注意が必要です。

▶メールならではの特別な機能

● **返信**
メールの送信者に返事を送る機能。アドレス帳から名前を探さなくても、自動的にメールアドレスが入力されます。

● **転送**
受け取ったメールを、別の人に転送する機能。まったく同じ文面を、複数人で確認・閲覧することが可能となります。

● **添付**
ファイルを一緒に送る機能。Wordファイル、画像ファイル、PDFファイルなど、内容は多種多様です。

199

▶返信のマナー

● 返信はなるべく早く

メールのもらいっぱなしは失礼。受信したらできるだけ早く、返信します。内容に対してすぐに返信できない場合は、受信したことだけでも伝えるのがマナーです。その際は、連絡してくれたことへの感謝と「後ほどあらためてご連絡申し上げます。」の一文を添えます。

● 件名の「Re：」の扱いに注意

メールソフトの設定にもよりますが、返信メールの件名は、元の件名の頭に「Re：」がついたものとなります。

このまま返信すると、手抜きの印象を与えかねません。どのメールへの返信かを明らかにするために、相手が書いた件名は削除せず、新たな件名を書き加えるといいでしょう。たとえば、次のような件名になります。

| 件名 | Re：金曜日開催の件、承知致しました ＿ ［タナカ］来週の企画会議の日程の件 |

同じ用件で、何度もメールのやり取りを続けていると、件名にいくつも「Re：」が並ぶことがあります。

メールソフトが返信ごとに自動的に書き加えるためですが、そのままだと見苦しいので、毎回整理をして「Re：」を1つだけにしておきます。

● 別件で連絡するときは「Re：」を削除

返信機能はアドレス帳から名前を探すことなく、すぐに送り返せて便利です。このため別の用件で連絡するときも、過去のメールへの返信機能を利用して送るケースがあるでしょう。

メールを作成するときに、過去のメールへの返信機能を利用して送ること自体は、時間短縮にもなり特に問題はないでしょう。

ただし、前述のように返信メールの件名は、元の件名の頭に「Re：」がついたものとなります。まったく別件のメールなのに、過去のメールへの返信として送られているのは、とてもおかしなことで、先方に失礼な行為となります。

過去のメールから返信機能を利用して、別件を連絡する場合は、過去の件名及び「Re：」を削除して、新たな件名を書きましょう。もちろん、過去のメール本文の削除も忘れずに。

●「引用」は効率よく

　返信メールでは、元のメールの文章の一部を、「引用」することがよくあります。使用するメールソフトや設定にもよりますが、「>」や「>>」で始まっている行が引用部分です。

　引用は元のメールの内容を再確認しつつ、ポイントごとに返事を書くことができます。大変便利な機能です。

　ただし、元のメールをすべて引用してしまうと、無駄に長くなり、かえって読みにくくなってしまいます。必要な箇所のみ引用するとよいでしょう。なお、引用では元の文章を一字一句変えないこともルールです。

▶ 転送のマナー

● 元々の発信者に許可を求める

　受け取ったメールを、ほかの人に送ることが「転送」です。第三者に見せるわけですから、勝手に送るわけにはいきません。

　元々の送信者と転送先の相手が知り合いの場合は、転送前に「いただいたメールを、部長のサトウに転送してもよろしいでしょうか。」といった具合に、元々の発信者に許可を求めることが必要な場合もあります。

● 内容には絶対に手を加えない

　転送するときは内容に手を加えず、全文をそのまま送信します。勝手に内容を書き換えることは、偽りの情報を与えることになりますので、要注意です。

● 転送相手には「転送する理由」を

　転送する相手には、「どのような情報なのか」「なぜ転送するのか」といったことを正しく伝えましょう。その後のやり取りがスムーズになります。

● 件名の「Fw：」はつけたままで

　メールソフトの設定によっては、メールを転送しようとすると、件名の頭に自動的に「Fw：」とつきます。第三者に対する転送メールは、「Fw：」をそのまま残しておきましょう。転送メールであることを明確にするためです。

● 個人情報をカット

　転送する目的によっては、「文面のみが重要（誰が送ったかは不要）」といった場合もあります。このようなときは、転送メールに含まれている元々の送信者のメールアドレスや氏名を削除して送信する配慮を忘れないようにしましょう。

▶ 添付のマナー

● 相手のネット環境に合わせる

　Wordで作った長文の文書や、表、画像、音声などのデータなども、添付ファイルとして送信できます。手紙では絶対不可能なことで、メールの大きな利点となっています。
　添付ファイルを送信する場合は、事前に相手のパソコンの容量や機種、どのような拡張子が開けるかを確認しましょう。拡張子とは .docx、.xlsx、.pdf、.jpg など、文字で表されたファイルの種類です。特に初めて添付ファイルを送る相手の場合、相手のネット環境によっては、ファイルが開かない危険性もあります。こうなると二度手間、三度手間になるので、あらかじめ相手の環境を伺い、それに応じた送り方にしましょう。

● ファイルサイズはコンパクトに

　添付ファイルつきのメールを送る場合、ファイルの「容量」に注意します。合計3メガを超えるようなファイルを送るときは、相手に対して送信前に連絡を入れ、どのようなスタイルで送信すればよいか、指示を仰ぎます。
　相手のネット環境によってはデータを圧縮したり、分割して送るなど、ファイルサイズを小さくする配慮が必要となります。10メガ以上なら「大容量ファイル転送サービス」を使うと便利です。ただし、企業によってはセキュリティ上、それを受け付けない場合もありますので、事前の確認が大切となります。

●「セキュリティーチェック」も相手へのマナー

　パソコンがウイルスに感染してしまうと、保存していたデータが破壊されたり、プログラムが正常に機能しなくなります。それにより会社全体の業務が滞ってしまうこともあり得ます。
　こうしたウイルスは、メールを介して入り込むケースもあります。特に添付ファイルにウイルスが潜んでいて、受信先を感染させる危険性は無視できません。あなたが送ったファイルで、取引先が感染したら、大変なことになってしまいます。このような事態を避けるためにも、日頃からウイルス対策をしておきましょう。「セキュリティーチェック」もビジネスマナーの一部です。

ワクチンソフトで定期的にチェックする。
知らない人からのメールや添付ファイルは、開かずに完全削除。
知人からのメールでも、不審なものは電話で確認。
ネット上から安易にプログラムをダウンロードしない。
HTML形式のメールは、プレビュー画面にも注意。
重要なデータは必ずバックアップをする。

▶ CCとBCCのマナー

● CCとBCCの違い

　メールは複数人に同時に、同じ文面を送ることができます。このときに使われるのが、「CC」と「BCC」の機能です。

　メールを作成するとき、宛先と件名の間に「CC」と「BCC」といった欄があれば、そこに入力したアドレスにも同時に送れます（メールソフトの設定によっては表示されない）。

　どちらも複数人に同時送信できますが、次のような違いがあります。

CC	カーボンコピーの略。受信者には、自分以外の受信者のメールアドレスが表示される（ほかに誰が受信したかわかる）。
BCC	ブラインドカーボンコピーの略。受信者は、自分のメールアドレスしか表示されない（ほかに誰が受信したかわからない）。

● CCとBCCの役割

　メール内容を関係者全員に公開し、共有したいときには、CCを使うことが一般的です。こうした場合は、誰が受信しているかわかったほうが、よりスムーズに話を進められます。

　一方のBCCは、不特定多数が受信するメールで使われます。少数に対するメールでも、お互いに面識がなかったり、内容を伝えたことを知られたくない場合は、BCCが使われます。

　BCCを使って送信するときには、冒頭に「BCCで一斉送信しています」などと一言添えると、受信側も安心できます。

CC向き	会議招集通知などの社内連絡。グループやプロジェクトチーム内で情報を共有したいとき。
BCC向き	案内メールや広報メール。面識のない人たちに一斉送信するとき。

● 間違ってCCで送ったときの対応

　特に怖いのは、BCCのつもりで送ったメールが、実はCCで送られていたこと。面識のない人たちの間で、メールアドレスが共有されてしまいます。個人情報保護の観点からも、きわめて危険なことです。

　万が一、このような事態が起きてしまったら、まずはCCで送ってしまった相手全員に、丁重に心からのお詫びをします。そして、該当メールを削除してもらうように依頼します。

　また、相手へのお詫びは、内容や相手によってはメールではなく電話で行うことも必要です。そのほうが、お詫びの気持ちも伝わりやすく、メール削除のお願いを聞いてもらえる可能性も高まります。

●「メーリングリスト」は利用規約を明確に

　「メーリングリスト」はリストに登録している複数の人に、一斉にメールを送る仕組みのことです。CCやBCCが発展したものとイメージしてもらうと、わかりやすいかもしれません。

　会社内では特定の部署内やグループ、プロジェクトチーム内での連絡に活用されています。グループやチームのメンバー間で、自動的にメールを共有できれば、「報連相」もスムーズです。

　こうしたチーム間のメールは、外部に流出しては困るものもあります。そこでメーリングリストを作成するときは、利用規約を明確にしましょう。外部の人が加わっていたら、情報漏洩の危険があるからです。

　また、メーリングリストを使って送信したメールは、すべてのメンバーが見ます。個人的な連絡や、感情的な表現は控えましょう。メーリングリストは「公共の場」であることを、心得ておきましょう。

49 メールを送るときに注意すること

トラブルを乗り越えてこそ社会人！

チェックポイント
1. 日頃から、トラブルを避ける努力を
2. ミスが発生したときは「お詫び」が大切
3. メールだけに頼らず、「電話」も活用する

利用頻度が高ければ、ミスの危険も高まる

　この十数年の間に、ビジネスでメールを使うことが当たり前になった現代。今や、仕事で周囲とコミュニケーションを取る手段としては、メールが最も多いといわれています。1日に10通以上、ビジネスのメールのやり取りをしている人も少なくないでしょう。

　たくさんのメールを送ればそれだけ、トラブルの可能性も高まります。トラブル発生時の対応も身につけましょう。

▶ **メールでのお詫びに「電話」を活用**

　簡単なミスであれば、メールでのお詫びでも問題ありません。ただし、相手に多大な迷惑をかけるようなミスでは、メールに加えて「電話」でもお詫びしましょう。電話は相手の作業を中断させてしまうものの、直接丁寧なお詫びができますし、その場で対応策を協議することも可能です。アナログなコミュニケーション手法と組み合わせることで、メールをより一層、活用できるようになるはずです。

▶ できるだけトラブルを起こさないために

● メール本文は「テキスト形式」で

メールには「HTML形式」と「テキスト形式」があります。
HTML形式のメールは、本文中に画像を入れたり、色や字体を変えられたりと、表現能力の高さがメリットです。一方のテキスト形式は、文字通りテキストだけのシンプルなメールとなります。
一見するとHTML形式のほうがよさそうですが、HTML形式は「受信側のメールソフトが対応していないと正しく表示されない」「ウイルスメールを受信した場合、開いただけで感染してしまう」といった大きな欠点があります。ビジネスメールは内容を伝えることが最優先。視覚にこだわる必要性は薄いですから、テキスト形式を使うほうが無難です。
初期設定がHTML形式になっているメールソフトもあるので、テキスト形式に切り替えて使用するとよいでしょう。ただし、会社がHTML形式を使用するように指示を出している場合は、会社の指示に従います。

●「機種依存文字」を避ける

テキスト形式のメールであっても、使用する文字や記号の種類によっては、受信者側が読めなかったり、文字化けを起こすことがあります。
このような文字を「機種依存文字」と呼びます。
機種依存文字は、パソコン本体やOSが変わると、正しく表示されない危険が出てきます。以下に代表的な機種依存文字をまとめましたので、使わないように注意しましょう。

丸つきの数字	① ② ③ など
かっこつきの数字	(1) (2) (3) など
ローマ数字	Ⅰ Ⅱ Ⅲ など
かっこつきの漢字	㈱ ㈲ など
単位記号	㎝ ㎏ ㎎ など
その他	№ ℡ 〒 など

● 送信前に必ず読み返す

　ほとんどのビジネスのメールは、上司のチェックなどなしに、個人の責任でやり取りされます。しかも、先方が消去しない限り、半永久的に記録として残ります。一度送ってしまったら、絶対に修正できません。

　送信ボタンをクリックする前には、必ず読み返す習慣をつけましょう。誤字脱字のチェックはもちろん、名前や会社名などの変換ミスがないかを確かめます。表現が適切かどうかを冷静に読み返して、相手に不快な印象を与えない配慮も必要です。

●「送信済み」になったことを確認する習慣を

　メールを送信したつもりだったのに、実は送っていなかった……。こうした基本的なミスも、たまに発生することがあります。

　メールを送信した後は、「送信済みメール」のトレーに移動しているか確認する習慣もつけましょう。重要度が高いメールが未送信のままだったら、責任問題にもなりかねません。

送信できていなかった！

● 重要度と緊急度が高いときは、電話でも連絡を

　すでにお伝えしたように、メールはどのタイミングで読まれるかわかりません。何日も返信が来ない可能性もあり得ます。

　絶対に読んでもらいたいメールを送ったときは、メール送信後に相手に電話をかけて、次のように伝えましょう。万が一、届いていなかった場合も、即座に再送信できます。

ただ今メールをお送り致しましたので、お手数ですがご確認をお願い申し上げます。

　特に重要度と緊急度が高い用件の場合、メール送信前にも電話をかけて、「これからメールを送信いたしますので、お手数ですがご確認をお願い申し上げます」と伝えておくといいでしょう。

　メールを送信したら3分後ぐらいに、再度電話をかけて、受信されたかを確認します。この送信前後に電話をする方法は、重要度と緊急度の高いFAXを送るときも同様です。

●「開封確認機能」の利用は慎重に

　メールソフトによっては、相手がメールを開封したことがわかる「開封確認機能」があります。確実に届いたことがわかるのですから、送る側にとってはありがたい機能です。

　しかし、開封確認機能を使ったメールを受信すると、「メッセージの差出人は、開封確認を要求しています。」といったメッセージが表示されます。

　これを煩わしく感じる受信者も少なくありません。開封確認機能を使うのは、本当に重要なメールだけにしましょう。

　また、開封されたからといって、内容が読まれたとは限りません。返信が来ない可能性はゼロではないのです。

　メールはとても便利なツールですが、完璧なわけではありません。電話などのアナログな手法のほうが、確実に連絡が取れる場面もあります。両者を上手に使い分けたり、融合することが、現代のコミュニケーションでは大切です。

▶ メールのマナー Q&A

Q 未完成のメールを誤って送信してしまったら

A ほとんどの場合は、ただちに完全なメールを送れば大丈夫です。件名に【再送】と入れることと、「大変申し訳ございません。お手数をおかけして恐縮でございますが、先ほどのメールは、削除していただけますでしょうか」といった一文を添えることを忘れずに。完全なメールが出来上がるまで時間がかかりそうなときは、未完成のメールを送ってしまったお詫びと、後ほど正しいメールを送ることを、事前にメールで伝えます。こちらは「申し訳ございません。先ほど、未完成のメールを送ってしまいました。完成次第、正しいメールをお送りします。お手数をおかけして恐縮でございますが、先ほどのメールは、削除していただけますでしょうか」といった文面になります。

Q ほかの人に間違って送信してしまったら

A 未完成のメールを送るよりも、問題としては深刻です。送ってしまったメールの内容が、関係者以外に伝わったら問題があるものだったら、誤送信した相手にすぐに電話をかけます。お詫びを伝えると同時に、速やかに削除してもらいます。内容的に問題にならないメールであれば、相手も忙しいことを考えて、電話連絡は控えます。メールにて【誤送信のお詫びと削除願い】と件名に記し、お詫びと削除のお願いをします。すでにメールを読んでしまっていたら、相手も気まずい思いをしているはずです。信頼を回復する意味でも、「今後は二度とこのようなことを行わないよう、気を引き締めて注意をいたします。どうぞ今後とも宜しくお願い申し上げます。」との一文で締めくくりましょう。

Q 「文字化けしていて読めない」との連絡があったら?

A 「機種依存文字」の使用や、エンコードの設定の違いなどで、文字化けすることがあります。このような場合は、まず文字化けをしてしまったお詫びを伝えます。そして、相手が読める状態にして再送します。

この場合再度、文字化けを起こす可能性もあるので、文面を Word ファイルなどにコピーして、添付ファイルとして送信するのも一案です。

文字化けを起こしたメールを見直して、原因を解明することも大切。原因がわかれば、次からは同じことをしないで済みます。

Q 受信したメールに返信するのを忘れていたら?

A 「早急に返事が欲しい」などと書かれていたメールへの返信を忘れて、数日経ってから気づくこともあります。

このようなときは、すぐに返事のメールを送信します。そして、「返信が遅くなり、大変失礼をいたしました」とお詫びの言葉を添えます。遅れてしまった理由は、言い訳にしかならないので、こちらからは書きません。

相手や内容によっては、メールを返信したらすぐさま、電話もかけます。遅れたことへのお詫びをするとともに、「先ほどメールを送信いたしましたので、お目通しいただけますでしょうか」とお願いをします。

心から反省をして相手にお詫びをすれば、あなたの気持ちはきっと相手に伝わり、許してもらえるはずです。

第10章 社会人に求められる「ビジネスメール」の基本

返信が来ないとき、催促しても許される?

 どうしても急を要するものなら、電話をかけて急ぎであることを伝え、返事をいただけるようにお願いをします。

緊急とまではいかないものの、2〜3日以内には返事をもらいたいときは、最初からその旨を書いておくといいでしょう。たとえば、件名を「【返信願】打ち合わせ日時の件」などとして、本文中でも「15日までに返事をもらいたい」などと記しておきます。

期日になっても返事をいただけないときは、「【再送＿要返信】打ち合わせ日時の件」といった件名で再送信をして、電話でメールを送信したことを伝えます。もちろん、返信をお願いすることを忘れずに。

基本的に返信を催促するのは、「返事がなければ仕事が進まない」といった状況のときくらいです。時間的に余裕のある場合は、1週間くらいは待って、それから確認のメールをするといいでしょう。

大切なことは、いついつまでに返事が欲しい、と相手にデッドラインをはっきりと示して差し上げること。お互いにとってプラスの結果を生みます。

第11章

社会人に求められる
「会食」の基本

50 高級店での会食も恥ずかしくない！
予約・告知・入店のマナー

> **チェックポイント**
> ❶ 会食は「お店選び」の時点でスタート
> ❷ 予約のときに、正しく情報を伝える
> ❸ 入店時や着席時も、マナーを守って

取引先との食事も仕事の一部

　社会人になると上司に同行して、取引先と「会食」をする機会も出てきます。取引先を不快にさせたり、上司や自社に恥をかかせないように、食事のマナーも身につけておきましょう。

　会食は「お店選び」からスタートします。あなたが店選びを任されたのなら、上司に目的や予算を聞いて、最適なお店を選びましょう。可能であれば、事前に店を訪れてみます。会食が成功するかどうかは、お店選びで決まるといってもいいでしょう。

▶会食に適したお店を選ぶコツ

会食の目的を明確にする。	喫煙者がいるかどうかも確認。
招待者、同席者の好みをリサーチして、優先する。	取引先からのアクセスを考える。
	お店の雰囲気、個室の有無、接客レベルなどをリサーチ。
参加者にアレルギーなどがないか、事前に確認。	カードが使えるかなど、支払い方法を確認。

▶ 会食前の準備

● 予約の仕方

　会食に適したお店を選んだら、予約をします。最近はインターネットで予約できるお店も多いですが、電話予約のほうが事細かな情報を伝えられます。その際は、お店側が負担に感じる忙しい時間帯（ランチタイム、ディナータイム中）は避けて、電話をする配慮も大切です。

　予約の際は「日時」「人数」「予算」「利用目的」「メニュー内容」など、なるべく具体的にこちらの情報や希望を伝え、相談に乗ってもらいます。

　接待のためなのか、打ち合わせも兼ねたビジネスディナーなのかで、お酒の量やメニューも変わってくるからです。誰かの誕生日を祝うのであれば、ケーキやロウソクを手配してもらえるかどうかの確認もします。

　窓際がよいか、出入りしやすい席がいいか、個室が必要かなど「席の希望」も伝えます。お店の人に事前に情報を伝えることは、その会食を成功させるために必要なことです。また、ここでお店側と良好なコミュニケーションを築くことができると、お得なプランやちょっとした便宜を図ってもらえるかもしれません。

● 特別な会食でのお店選び

　特別な取引先との会食であれば、事前に候補のお店で食事をしておくと安心です。料理や接客レベルはもちろん、化粧室の場所や、体の不自由なお客様への配慮なども確認できます。

　お店側が受け入れてくれるなら、予約後に打ち合わせの時間をつくってもらい、当日の流れを詰めておくといいでしょう。特にお店を貸し切るような大規模な会食は、すべてをお店任せにするのではなく、あなたも責任を持って事前打ち合わせなどに足を運び、確認をすることが大切です。

● 参加者への告知

　予約ができたら参加者全員に、「日時」「店名」「住所」「電話番号」「アクセス方法」「お店のURL」「予約名」などを知らせます。「予約名」とは、お店に誰の名前で予約しているか、ということです。予約名がわからないと、どこのテーブルに案内すればいいか、お店側も困ってしまいます。待たされる取引先にも、失礼となります。

　フォーマルな会食は葉書や封書で開催の告知をしますが、たいていの場合は電話とメールだけで充分です。電話で大まかな情報を伝えつつ、相手の参加の可否を確認してから、メールで細かな情報を伝えましょう。やり取りが保存されるメールは、日時や場所の告知に適しています。

▶ お店に到着してから、着席するまで

● 入店の仕方

　お店の入り方にもマナーがあります。「上司と同伴の場合」は上司に先に入ってもらい、あなたは後に続きます。接待で「取引先と同伴の場合」は、上司より先に取引先に入ってもらいます。お店の人には、感じよく微笑んで、挨拶をしましょう。

● お店の受付

　あなたの名前で予約を入れた場合、受付で挨拶をしてから名乗ります。「こんばんは。20時から予約しております、○○会社のタナカです」といった具合です。

　お店によっては、受付で上着を預かってくれます。上着は裏表に返して、お店の人に渡します。預かり札があれば、それを受け取ります。預り札を紛失しないように気をつけましょう。

● 席に案内されるまで

　店内はゆっくりと、足を引きずらないで歩くこと。周囲を不快にさせないためにも、足音はなるべく立てないように。ほかのお客様と目が合ったら、心の中で「お邪魔します」と思いつつ、微笑み軽く会釈します。

　お店の案内人が先頭を歩きますが、以降は入店時と同じとなります。接待の場合は取引先が、社内の人間だけの場合は上司が先に歩きます。ちなみに、プライベートで男女で訪れたときは、女性が先で男性が後となります。

　お店の人の案内を無視して、勝手に店内に入り着席したり、待ち合わせ相手を探したりしないようにしましょう。

● 着席の仕方

　お店によっては着席時に、お店の人が椅子を引いてくれることがあります。この場合は椅子の左側から、椅子の前に立ちましょう。

　お店の人が椅子を押してくれて、自分の膝裏に触れたら、ゆっくりと腰を下ろします。頭から背中まで、まっすぐになることを意識していると、美しい姿勢を保ったまま座れます。

　座ったら振り返り、お店の人の目を見て、「ありがとうございます」の一言を。テーブルと胴の間を、握りこぶし1個分ほど空けて座ります。

　椅子の出入りを左側から行う理由は、かつて身を守るために、剣を携帯していた名残です。左腰に差した剣が邪魔にならないように、椅子は左側から出入りするようになったわけです。

カバンなどの荷物は椅子の左側の足元に置きます。大きい荷物は受付で預かってもらったり、個室であれば荷物置き用の椅子の上などに置きます。小さめのカバンやバッグは、椅子の背もたれの前に立てかけます。

お店の人が最初に椅子を引いてくれた場所が、そのテーブルの上座となりますから、取引先の最上位の人に座ってもらいます。お店の人が椅子を引いてくれないときは、あなたが取引先の椅子を引いて差し上げてもよいでしょう。

▶会食における席次

食事のマナーでも「席次」は重要です。基本は応接室や会議室などと同様に、出入り口から一番遠い位置が上座となります。和室の場合は、床の間の前が上座です。

少しルールが特殊なのが、中華料理の円卓です。出入り口から遠い席に最上位の人が座ったら、以後は最上位の人から見て、左に2番目、右に3番目、左に4番目、右に5番目と続きます。

会議室の円卓に座る場合、最上位の人から見て、右に2番目、左に3番目となりました。同じ円卓でも、順番が異なるので注意しましょう。もっとも、席次は部屋の造りや空間の状態、椅子の向きなどによって変化します。ルールよりも、参加者の居心地のよさが最も大切です。特に主賓がリラックスできる席にご案内しましょう。

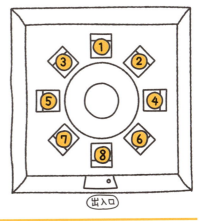

第11章 社会人に求められる「会食」の基本

51 注文・会計・お見送りのマナー

料理を味わいながらも、役割を果たす

> **チェックポイント**
> ❶ 会食のメニューはコース料理が最適
> ❷ 会計をしている姿を、相手に見せない
> ❸ 「領収書」は会社名でもらうことに注意

接待する側は、食事どころじゃない？

　テーブルに着席したら、いよいよ会食のスタート。食事中の詳しいマナーについては、219ページ以降でお話しします。

　幹事を任されていたら、楽しく食べて終わりではありません。その後の会計まで担当しなければいけません。お客様をお見送りする役目もありますし、場合によっては二次会のセッティングやタクシーの手配も。お酒を飲んでも、飲まれないように！

▶食事中のタブー

口に食べ物が入ったまま話す。	中座をする（中座は極力控える）。
大声でお店の人を呼ぶ。	自慢話ばかりやうんちくを語る。
カバンをテーブルの上に置く。	無遠慮に煙草を吸う。
料理の皿を交換して食べる。	会社の機密情報を話す。
髪の毛に触る。	お店の人に許可なく写真を撮る。
肘をつく。	携帯電話で話したり、メールをする。
周囲に配慮せず、マイペースで食べる。	ツイッターなどのSNSをする。

▶着席してから、お店を出るまで

● 注文の仕方

　取引先との会食の場合、事前に料理を決めておくとスムーズです。一般的には「コース料理」をオーダーします。お店の人に予算や目的を伝えれば、最適なコースを案内してもらえます。

　多くの会食は、「食前酒での乾杯」から始まります。アルコールが苦手な人でも、乾杯のときだけはおつき合いのつもりで、お酒の入ったグラスを手にしましょう。口をつけるふりだけでもいいのです。

　主賓が「一滴もお酒を飲めない」人であれば、最初からミネラルウオーターやソフトドリンクを用意しておきます。アルコールが飲めない人がいることを、事前にお店側に伝えておき、当日はスムーズに対応してもらうようにしましょう。

● 会計のタイミング

　お店での会計は、レジで行うスタイルと、テーブルで行うスタイルがあります。これらは予約するときに確認しておきます。「請求書払い（いわゆる料金後払い）が可能か？」「カードでの支払いが可能か？」といったことも、予約の段階で確認して下さい。

　接待する側のときは、取引先に金額がわからないように、さりげなく支払いを済ませるのがスマートです。デザートが終わったタイミングで、化粧室に行くふりをして、レジで会計を終えてしまいましょう。テーブルで会計をするスタイルであれば、相手が化粧室に行った隙などに、お店の人に声をかけて会計を済ませます。

第11章　社会人に求められる「会食」の基本

● お金の払い方

　会社名義のクレジットカードがあれば、そちらで支払っても問題ありません。ただし、あなた個人のクレジットカードは使わないこと。会社のお金で支払ったにもかかわらず、あなたにポイントがついてしまうためです。とはいえ、会社が認めていれば、その限りではありません。

　会社名で「領収書」をもらうことも忘れずに。請求書払いであれば後日、お店から請求書が送られてきます。

　あなたが接待される側だったら、会計後に「ごちそうさまでした。ありがとうございます」とお礼を忘れないように。ごちそうされて当然、といった態度は禁物です。明らかな接待の場合は、会計前にお財布を出して、支払う姿勢は見せなくてよいです。しかし、たとえば打ち合わせ後の流れで、急に食事に行くときなどは、支払う姿勢を表現することは大切です。

　もちろん、実際にはお金は出しません。接待をされたのに、強引に払うことは、かえって失礼に当たります。接待を受けたお返しをしたいときは、二次会の費用を負担するか、後日あなたの会社から会食に誘ったりすることもあります。

● タクシーの手配

　そのままお帰りいただく場合、あらかじめタクシーを手配しておけば、取引先を待たせずに済みます。先方にご負担いただくことのないように、タクシー代かタクシーチケットを封筒に入れて渡します。タクシーが出発したら、見えなくなるまでお見送りを。

　二次会に進む場合も、早めにタクシーの手配をしておくことで、スムーズに会場に移動できます。取引先が「ここはうちが」と強く望まない限り、二次会の会計も誘った側が負担します。

高級レストランでも臆(おく)することなく

52 洋食のマナー

> **チェックポイント**
> ❶ すべてのカトラリー（フォークやナイフなどの食器）には役割がある
> ❷ 食事終了のサインもカトラリーで
> ❸ ナプキンの多様な使い方を理解

第11章 社会人に求められる「会食」の基本

社会人ならテーブルマナーも身につけたい

接待でもビジネスディナーでも、洋食の高級レストランはよく使われます。日常とは違った雰囲気が、特別な感じを演出してくれます。

慣れていないと、このようなお店で戸惑う場面が少なくありません。特にナイフやフォークといった「カトラリー」は種類がたくさんあるため、予備知識ゼロでは上手に使いこなすのは難しいでしょう。社会人として最低限、周囲を不快にさせないテーブルマナーを身につけましょう。

▶洋食を美しく食べる6つのヒント

お皿は絶対に持ち上げない。	大きな口を開けない。上品に食べる。
料理を切るとき、なるべく音を立てない。	料理やカトラリーを落としても、自分では拾わない。
料理は一口ずつ、左から切っていく。	何かあったら静かに手を挙げて、お店の人を待つ。

219

▶ 「カトラリールール」を身につける

● 基本的な並び方

　ナイフとフォークは出される料理の順に、外側から内側に向かってセットされています。料理が運ばれてきたら、外側から順に使っていきます。同席者全員に料理が運ばれて、そのテーブルの中で最上位の人がカトラリーを手にしたら、他の人も続いて手にします。

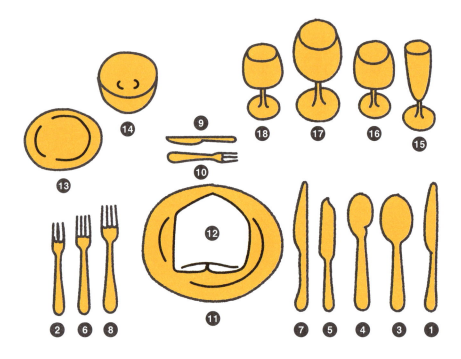

テーブルセッティング

- ❶ オードブルナイフ
- ❷ オードブルフォーク
- ❸ スープスプーン
- ❹ ソーススプーン
- ❺ 魚用ナイフ
- ❻ 魚用フォーク
- ❼ 肉用ナイフ
- ❽ 肉用フォーク
- ❾ デザートナイフ
- ❿ デザートフォーク
- ⓫ 位置皿
- ⓬ ナプキン
- ⓭ パン皿
- ⓮ フィンガーボウル
- ⓯ シャンパングラス
- ⓰ 白ワイングラス
- ⓱ 赤ワイングラス
- ⓲ 水用グラス

● フォーク、ナイフ、スプーンの持ち方

　フォークの基本の持ち方は、左手の親指、人差し指、中指で握り、人指し指は上から押さえます。薬指と小指は軽く添えます。

　ナイフも基本的にはフォークと同じです。右手の親指、人差し指、中指で握り、人指し指は上から押さえます。薬指と小指は軽く添えます。ただし、魚用ナイフは人指し指で押さえず、親指と人指し指で挟むように持ちます。

　スプーンは、中指の第1関節よりやや下の位置を、スプーンの柄の上から3分の1くらいの箇所をのせて、親指を上から軽く押さえます。そして、人差し指を軽く添えます。

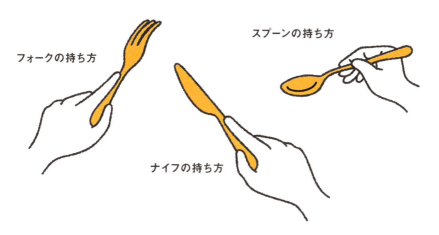

フォークの持ち方　　ナイフの持ち方　　スプーンの持ち方

● 基本的な切り方、料理の取り方

　基本的に左手にフォーク、右手にナイフを持ちます。ナイフとフォークを使って食べる料理は、左端から一口大に切って食べます。

イギリス式	フランス式	アメリカ式
フォークの盛り上がった背側を上に向けて、そこに料理をのせたり、先端に刺して口に運ぶ。	料理を刺すときは、イギリス式と同じく背側を上に向けるが、くぼんでいる腹側で料理をすくっても OK。	料理を一口大に切ったら、右手にあるナイフをお皿に置き、左手のフォークを右手に持ち替えて食べる。

　ただし、最初に料理をすべて細かく切ってしまうことは、どの国でもタブーとされています。肉汁が出て旨味が損なわれますし、熱が逃げてしまうからです。最高の料理を作ってくれた料理人のためにも、マナーを守って美味しくいただきましょう。

● スープスプーンの使い方

　スープは「飲む」とはいわず、「食べる」といいます。スープを食べるときは、スープ用のスプーンを使います。スープスプーンは丸い形をしており、スプーンの横に口を当てて流し込みます。

　近年はカレーライスを食べるときに使用するような、先端が細くなっているスプーンで、スープを食べる店も増えてきました。この形状のスプーンで出されたときは、細くなっている先端から、スープを口に運びます。

　取っ手のついているブイヨンカップで出てきた場合は、「スプーンは使用しなくてもよい」というサインです。コーヒーなどを飲むときと同様に、取っ手を持って口につけてもかまいません。

先端の細いスプーンの使い方

　スープを食べるときのスプーンの動きは、「手前から奥にすくう」と「奥から手前にすくう」のどちらでもOK。前者はイギリス式となり、後者はフランス式となります。食べやすいほうを選びましょう。ただし、右から左、左から右へとスープをすくう動作はNGとなります。
　スプーンを持っていない左手を膝の上に置くのはイギリス式。一方、テーブルの上に置くのがフランス式。どちらかに統一していれば問題ありません。

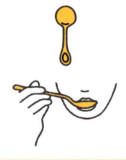

丸いスプーンの使い方

　スープの量が少なくなってきたら、スープ皿の手前を浮かして、奥へと傾けます。お皿の奥にスープがたまるので、すくって食べます。手前に傾けるのはNG。相手にお皿の裏側を見せることになるためです。残ったスープをパンにつけて食べてもかまいません。このときはパンを一口大にちぎり、手に持ってつけます。

● バターナイフの使い方

　パンは一口大にちぎって食べます。男性は大きくちぎりがちですが、小さめにちぎって食べるほうが上品です。
　共用のバターが出てきたら、自由に使用してかまいません。ただし、テーブル中で最上位の人から使用するのがマナー。バターナイフで適量を取り、一度、自分のパン皿の上に置きます。さらに、一口分のバターを取り、一口大にちぎったパンにつけて食べます。
　バターナイフを使わず、パンに直接バターをつけるのは、とても恥ずかしい行為です。あなたが恥ずかしく感じなくても、一緒にいる人が恥ずかしい思いをします。絶対に控えましょう。
　パン屑でテーブルの上が汚れることは、気にしないでも大丈夫。それを片づけることも、お店の人の仕事なのです。

▶ 飲み物に関するマナー

● コーヒーと紅茶の飲み方

　ソーサーの手前にスプーンが置かれて運ばれてきたら、まずはカップの奥側に移動させます。これが「今から飲みます」「今、飲んでいます」のサインとなります。

　砂糖やミルクを好む人でも、コーヒーの最初の一口は、ブラックで香りと味を確かめます。その上で好みの量を入れるのがマナーであり、入れてくれた人への敬意です。

　味を調整するときは、まず砂糖を入れて、かき混ぜます。次にミルクを入れますが、今度はかき混ぜず、自然になじませます。

● アルコールの注ぎ方、ビールの注がれ方

　ビールなどを注ぐときは、ラベルを上にして、ラベルが見えるようにします。どの銘柄のお酒を注いでいるのか、相手に知ってもらうための配慮です。手や指でラベルを隠さないように。作り手や取り扱っている会社に対する配慮です。ビールを注いでもらうときは、グラスを両手で持ち上げます。注いでもらう間は「恐れ入ります」と軽く頭を前に倒し、注ぎ終わったら「ありがとうございます」と元の姿勢に。

● ワイングラスの持ち上げ方

　ワインを注いでもらうときは、グラスを持ち上げないこと。注ぎ終えたら「ありがとうございます」とお礼を言い、軽く会釈をしましょう。

　持つ場所は、ステムといわれる脚の部分の中央よりやや下のあたりを、親指、中指、人差し指の3本で持ち、薬指と小指は軽く添える程度にします。飲むときは、このまま持ち上げて口に運びます。

　ワインの入っているボディ部分を包むように持つことは、間違いではありませんが、手の温度でワインの温度が変化する可能性があります。ワインの美しい色を楽しむ妨げにもなります。

　なんといっても、繊細なつくりになっているワイングラスは、少しでも力を入れると破損する可能性が高くなります。ボディ部分には触れず、厚みのあるステム部分を持つほうが安心です。

第11章　社会人に求められる「会食」の基本

▶ 食事終了のサイン

● カトラリーによる終了のサイン

　食事を終えたときのサインにも、いくつかパターンがあります。「ナイフの刃を自分の側に向ける」「右にナイフ、左にフォークを置き、2本並べる」といった点は共通です。一般的には「フォークの盛り上がった背の部分を下に」します。ただし、ティファニーのテーブルマナー本では、背を上にするといわれています。しかし、こうすると安定性がないため、お店の人は嫌がります。

イギリス式	フランス式	アメリカ式

お皿の真下（時計の6時の位置）に、カトラリーの柄がくるように置きます。お店の人がお皿を下げるとき、カトラリーが邪魔にならないようにとの配慮から成る形です。	お皿の右下（時計の4時の位置）に、カトラリーの柄がくるように置きます。日本ではこのスタイルをよく目にします。	お皿の右真横（時計の3時の位置）にカトラリーの柄がくるように置きます。近年のフランスでも、このスタイルで食事終了のサインとする人が増えてきました。

● ナプキンの多様な使い方

　ナプキンを畳まずに、軽く丸めてテーブルの上に置くと、食事終了のサインです。ナプキンをきれいに畳まないことが、「美味しかった」「満足した」といったサインになります。逆にナプキンをきれいに畳んでしまうと、「美味しくなかった」「満足しなかった」といったサインになってしまいます。食事中に中座する場合は、テーブルではなく椅子の上にナプキンを置きます。ここでも畳まずに、軽く丸めます。途中で立つことは、なるべく控えるようにしましょう。

　ナプキンは入店直後の「取るタイミング」も重要です。一般的にはそのテーブルの最上位の人が取ったら、ほかの人も取っていいとされています。接待の場合、取引先の役職が高い人が最上位です。着席から起立しての乾杯が予定されているときは、乾杯するまではナプキンは取りません。食事中は二つに折り、折り目側を手前にして、膝の上に置きます。小さめの45×45センチのナプキンは、折り畳まずにそのまま広げても大丈夫です。口を拭くときは、左上の裏を使います。二つ折りにするとき、上側を少しだけ短くしておくと、使いやすく便利です。

いざというとき、右往左往しないために

53 食事中に困ったときは

> **チェックポイント**
> ❶ 落としたり割ったりしたら、お店の人に任せる
> ❷ 食べ方がわからないときは、お店の人に聞く
> ❸ お店に問題があっても、激しくは怒らない

異国の文化だけに、感覚的に理解しづらいことも

　洋食におけるマナーは、根底にヨーロッパの文化があります。洋食のマナーを学ぶことは異文化の学びとなります。

　洋食の高級レストランで困ったときは、より戸惑いやすいでしょう。

　ここでは洋食を食べているとき、起こりやすいトラブルをまとめてみました。会食での参考にしてください。

▶ **テーブルマナー以前の基本心得**

● **携帯電話**

　入店前に電源を切るかマナーモードに設定。緊急の用件がある場合は、さりげなく席を外して別の場所からかけましょう。

● **写真**

　シャッター音やフラッシュは、周囲の迷惑にもなります。料理の撮影は、必ずお店の人の了承を得てからにしましょう。

● **生理現象**

　ゲップなどの生理現象が出たら、小声で「失礼しました」と伝えます。なるべく音を小さくする配慮を忘れずに。

▶ 洋食のマナーの Q&A

Q 席が気に入りません。移動してもいいですか？

A 混雑などしていなければ、基本的に移動しても大丈夫です。ただし、勝手に移動しないこと。必ずお店の人に伺い、誘導してもらいます。

Q 食事中にナイフやフォークを床に落としたら？

A 自分で拾うのはNG。手を少し挙げて、お店の人に合図をし、新しいカトラリーと取り替えてもらいます。同伴者は何事もなかったかのように振る舞うのが、大人のマナーです。ナプキンを落としたり、料理をこぼしたときも、同じように対応してください。

Q お皿やグラスを割ってしまったら？

A 小声で同席者にお詫びを伝えて、お店の人に処理をお願いします。片づけはお店の人にお任せします。手伝う必要はありません。ケガでもしてしまったら、さらにお店に迷惑をかけます。
欧米はチップ制があるため、「お店の人の仕事を客が奪うことは失礼」といった認識があります。それぞれに役割分担がありますので、自分の役割を全うしましょう。もちろん、片づけてもらったことへのお礼は伝えましょう。

Q 料理の食べ方がわからなかったら？

A 恥ずかしがらずに、お店の人に食べ方を伺いましょう。調味料の使い方なども同様です。知ったかぶりのほうが格好悪いです。お店の人とのコミュニケーションも、テーブルマナーの1つですので、安心して質問してください。

226

料理が出てくるのに、やけに時間がかかっていたら？

 早く食べたいにもかかわらず、なかなか料理が出てこなければ、イライラしてくるのは仕方ありません。
だからといって、その感情をお店の人に露骨にぶつけるのは、正しいマナーとはいえません。まずはお店の人を呼び止めて、次のように確認してみましょう。

> お忙しいとは思いますが、オーダーが通っているか確認していただけますか？

このときに合わせて、「20時にはお店を出なければなりませんので」などと、時間の都合を伝えるのもいいでしょう。万が一、オーダーミスがあったとしても、すぐに対応してくれます。あと何分くらいで出てくるのかも確認しましょう。

 料理にゴミや髪の毛が入っていたら？

 見つけた状態のままで手をつけず、お店の人を呼んで、「こちらをご覧いただけますか」と手でお皿を指し示しましょう。
ほとんどの場合、お店の人はお詫びを伝えて、新しいものを作り直すかどうかなどの提案をしてくるはずです。一緒に食事をしている人たちにも配慮しながら、どのようにするか答えましょう。注意点は、周囲のお客様に聞こえないようにすること。お店側のミスとはいえ、それを聞こえるように言うのはマナー違反です。

 食べきれずに、残してしまったら？

 どうしても食べられないときは、無理をすることはありません。食べ残しは皿の端に寄せておきましょう。
お店の人に食器を下げてもらうときに「大変美味しくいただきましたが、申し訳ないことにお腹がいっぱいになってしまったので失礼いたします。ごちそうさまです」などと一言添えましょう。

Q 肉を切った後、右手にフォークを持ち替えて食べても大丈夫？

A 左端から肉を一口分切り、フォークを右手に持ち替えて食べることは問題ありません。これは「ジグザグ・イーティング」と呼ばれるアメリカ式の作法で、国際的にも認められています。

ただし、最初にすべての肉を切ってから、フォークに持ち替えて食べるのはNG。肉は必ず、口に入れる分だけ切りましょう。

Q 「ソーススプーン」ってどう使うの？

A ソーススプーンとは、ソースのある魚料理などで使われる平たいスプーンのことです。文字通りソースをかけるときに使うこともあれば、スプーンとして料理をのせることもできます。料理をのせてそのまま食べてもOKです。魚料理にソーススプーンがついていたら、ナイフがわりに使用することもできます。

ソーススプーンの使い方

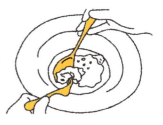

Q 大皿から自分の皿に料理を取るには？

A 大皿料理には「サービススプーン」と「サービスフォーク」を使用します。まずサービススプーンで料理を少なめにすくい、サービスフォークで押さえながら、自分のお皿へと移します。片手でできない場合は、サービスフォークは利き手、サービススプーンは反対側の手で持ちましょう。

サービススプーンとサービスフォークを使った取り分け方

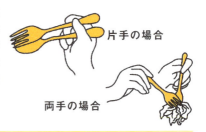

片手の場合

両手の場合

Q フィンガーボウルってどうやって使うの？

A フィンガーボウルが出されたら、「その料理は手を使って食べていい」という合図です。特に果物や甲殻類の料理で用意されます。フィンガーボウルはメインのお皿の左奥に置かれます。右手、左手の順で片手ずつ、音を立てずに指の第2関節まで水に浸します。終わったらナプキンで指先の水気を取ります。

日本の伝統を正しく身につけよう

54 和食のマナー

> **チェックポイント**
> ① 箸遣いは特に大切。タブーを知っておく
> ② 複数の動作を同時にやると、美しくない
> ③ 料理を混ぜて食べることもNG

普段から食べ慣れているからこそ、難しい

　和食の料亭も、接待などで使われます。人によっては「箸で食べられる分、洋食よりは楽」と思うかもしれません。

　しかし、和食の世界は奥が深いもの。普段の食事と同じ感覚で食べていたら、重大なマナー違反があってもおかしくありません。

　ユネスコの無形文化財にも登録されている和食。社会人として、和食の食べ方もしっかりとマスターし、自信を持って食事をしましょう。

▶ **和食を美しく食べる6つのヒント**

アクセサリーは結婚指輪のみ。	器を大切に扱う。
姿勢を正して、両手を使う。	器は基本的に持ち上げるが、持ち上げない器もある。
動作は1つずつ。	懐紙（かいし）と箸を美しく上手に使う。

第11章 社会人に求められる「会食」の基本

229

▶箸の使い方（説明は利き手が右の人の場合）

● 箸の正しい持ち上げ方

中央から少し右寄りのところを、右手の中指、人差し指、親指で上から取り上げる。

左手の指先を揃えて、下から箸の中央に添える。

右手は箸の上をゆっくり右へ滑らせる。

右手を上から下へと滑らせて、箸を持つ。

● 箸の正しい持ち方

上の箸は親指、人差し指と中指の第1関節で軽く挟む。

下の箸は親指のつけ根と薬指の第1関節辺りで支える。

料理を取るときは下の箸を動かさず、上の箸だけを動かして挟む。

● 箸の正しい下ろし方

箸の中央辺りを、下から左手で持つ。右手で箸の上から持ち直して、箸置きへと下ろす。

箸置きへ置く際は、箸先の2センチほどを箸置きからはみ出させる。口に触れた箸先が、箸置きに触れないように。

正式な茶懐石料理では箸置きはなく、食事中は折敷（料理を盛った食器をのせるお盆の一種）の左縁に箸先をかけて置く。

箸遣いのタブー

　箸遣いにはタブーがたくさんあります。これらは「嫌い箸」と呼ばれるもので、そのすべてに名前がついていることからも、和食をいただく際のお箸の使い方の重要性がわかります。それだけ箸遣いを気にする人が多いともいえます。
　普段から箸遣いを意識し、どんな場でも正しく美しくいただけるようにしましょう。

寄せ箸	箸を使って器や茶碗を引き寄せたり、動かしたりすること。
渡し箸	茶碗や器の上に、箸を渡して置くこと。
迷い箸	どの料理を食べようかと、箸をうろうろと動かすこと。
もぎ箸	箸に残った料理を口でもぎ取ること。
洗い箸	汁物などで箸を洗うこと。
移り箸	一度取った料理を器へ戻して、ほかの器の料理を取ること。
掻き箸	器に口をつけて、箸で中の料理を掻き込むこと。
重ね箸	一つの料理ばかり続けて食べること。
噛み箸	箸の先端を歯で噛むこと。
空箸	料理に箸をつけておきながら、取らずに箸を置くこと。
くわえ箸	箸を口にくわえたまま、器などを手に持つこと。
こじ箸	箸を使って、料理の中を探ること。
込み箸	料理を箸で口の中に押し込むこと。
探り箸	箸を使って、汁物の中を探ること。
刺し箸	煮物などの料理を突き刺して取ること。

直箸(じかばし)	「取り箸」を使わずに、大皿から自分の箸で料理を取ること。
すかし箸	骨つきの魚を食べるとき、中骨を通して下の身の骨をほじくるように取って食べること。
せせり箸	爪楊枝の代わりに、箸で歯の間をほじくること。
膳越し	膳の向かいにある料理を、箸で取ること。
揃え箸	口や器を使って、箸先を揃えること。
叩き箸	箸で茶碗などを叩くこと。
違い箸	揃いではない箸を使うこと。
立て箸（仏箸）	ご飯に箸を突き立てること。
涙箸	箸の先からぽたぽたと汁を垂らすこと。
握り箸	箸を2本揃えて握り締めること。
ねぶり箸	最初に箸を舐(な)めたり、箸についた料理を舐め取ること。
箸渡し（合わせ箸、拾い箸、移し箸）	箸から箸へ料理を受け渡すこと。
二人箸	1つの料理を2人同時に箸で取ること。
振り箸	箸を持ったまま手を振り回すこと。
持ち箸	箸を持ったままの手で別の器を持つこと。
拝み箸	両手で箸を挟み、拝むようにすること。
横箸	2本の箸を揃えて、スプーンのようにして料理をすくい上げること。
受け箸	箸を持ったままおかわりをすること。

▶ フォーマルな流れに沿った和食のマナー

● **先付**（さきづけ）……料理の初めに出される前菜。「つきだし」「お通し」とも呼ばれる。

・手前左から、一口大にして食べる。
・あしらい（食べない飾りの葉）などは、あらかじめ外して食べる。
・外したあしらいは、小鉢や皿の奥に置く。
・小さい器は手で持って食べてもOK。

● **椀物**……ほぼ透明なすまし仕立てのお料理。「吸物」とも呼ばれる。

ふたの開け方

① 左手で器を押さえて、右手でふたの糸底（でっぱった部分）を横から持ち、少しひねるような感じでふたをずらす。

② ふたの裏を手前（自分側）に向けて、しずくを切る。

③ ふたを両手で持って、糸底を下にして、折敷の右外側に置く。右に置く場所がなければ、折敷の上外側でもよい。

食べ方

① 器と箸を持ち、箸先を器の奥につけて、香りを楽しみながら汁をいただく。

② 具材は上から順番に食べる。下の具材を探ったりはしないように。汁と具材は交互にバランスよく。

③ 大きい具材を食べるときは、器をいったん折敷の上に置き、箸で一口大に切り、再び器を持って食べる。

④ 食べ終わったら、ふたを両手で持って、元通りに。ふたの裏を上にして置かないように。

● **お造り** ── 2～4種類の刺身の盛り合わせ。「向付(むこうづけ)」とも呼ばれる。

- 鮮魚は冷たいうちに、左手前の切り身から食べる。
- わさびはしょうゆ皿に混ぜないで、切り身にのせる。
- つま（大根の細切り）は、魚の種類が変わるときに、口直しとして食べてよい。
- 大皿や舟盛りで出てきたときは、主賓から刺身を取っていく。

● **煮物** ── 野菜や魚介などの煮物の盛り合わせ。「炊き合わせ」とも呼ばれる。

- 小鉢の場合は、器を手に持って食べる。
- 大きな器は置いたまま、箸で一口大に切って食べる。野菜のへたなどがついているものは、器の中で切り離す。
- 大きな器の場合は、そのふたか懐紙を小皿代わりにする。

● **焼き物** ── 季節の魚介や肉、野菜などを焼いたもの。

- はじかみ（しょうが）や飾り葉がついているときは、皿の奥に。
- 左側から、一口大に切って食べる。
- はじかみは、魚を食べ終わってから、最後にいただく。
- 魚の皮や骨など、食べ残しは左奥にまとめる。その上に飾り葉をのせると、見た目にも美しい食べ終わりになる。

尾頭付きの魚の食べ方

❶ 懐紙で頭を押さえ、尾ひれ以外の外せるひれを箸で取り、皿の左奥にまとめる。

❷ 箸で背骨中心に頭側から尾びれに向かってわれ目を入れ、上身（中骨の上側）の左（頭側）手前から、一口大ずつ身を食べる。

❸ 上身の腹側（下半分）も同様に食べる。

❹ 背骨を尾びれ側から頭に向かって外し、皿の左奥に置く。

❺ 下身も上身同様に、背側左から食べ、腹側左へと移す。

❻ 懐紙は、外した頭や骨の上に置く。

● **揚げ物** …… 季節の魚介や肉、野菜などを揚げたもの。

・左手前や上に盛られている順で食べる。
・箸で一口大に切る。
・箸で切れないときは、噛み切ってもよい。ただし、一度噛んだものは最後まで食べる。途中で皿に戻さないように。
・天つゆで食べる場合、天つゆの器を持ち、食材の3分の1くらいにつゆをサッとくぐらせて食べる。衣が水分を吸いすぎないように。
・塩で食べる場合、必要な分だけ塩をつまんで皿の左側に置き、つけながら食べる。直接ふりかけてもOK。

● **蒸し物** …… かぶら蒸しや茶碗蒸しなど、熱々のあっさりした料理。

・器も熱くなっているので、気をつける。熱くて持てない場合は、ふたや懐紙を受け皿として使う。
・熱いうちにさじを器に沿って入れて、時計回りに一周させ、器と中身をはがす。

● **酢の物** …… 海草や野菜などの酢を使った和え物。口の中をさっぱりとさせてくれる。止め椀前の最後の一皿。

・汁気が多いので、しずくがたれないように、持てる器は持って食べる。
・持てない器は、懐紙を受け皿代わりに。
・皿に残ったものは、奥にまとめる。

● **止め椀とごはんと香の物** …… 「味噌汁」と「ごはん」と「漬物」のこと。最後に一緒に出される。止め椀は料理の最後という意味なので、酒宴でも止め椀が出てくるまでには、お酒を済ませておくこと。

・止め椀は右、ごはんは左、香の物は奥に置かれる。
・まず止め椀からいただき、箸を湿らす。ただし、会席料理では最後に出てくるので、箸を湿らす必要はないため、ご飯から食べてもよい。
・ふたがあるものは、ふたの裏を上にして、折敷の右外側に置く。

- ごはんが山型に盛られているときは、上から食べる。平らに盛られていたら、左手前から一口大で食べられる量ずつ食べる。
- 香の物は止め椀とご飯の合間に食べる。最初に食べると「今までの料理は美味しくなかった」といったサインになるので、絶対に避ける。
- ごはんの上に香の物を置いて食べるなど、2つの料理を同時に食べるのはNG。
- ほとんどの場合、ごはんはおかわりできる。おかわりをするときは、一口分のごはんを残して、茶碗を差し出す。
- 止め椀と香の物は、基本的におかわりできない。

● **水菓子** 季節の果物やシャーベット。

- 食事の折敷などがすべて下げられたら、水菓子が出てくる。このときに、お茶と新しいおてふきも出てくる。
- 盛り合わせの場合は、左手前から食べる。
- ぶどうの皮などは、むいて食べる。種を出すときは、懐紙で口元を隠すとエレガント。
- メロンを一口大に切って食べるときは、左から。スプーンですくって食べるときは、右から食べる。

● **菓子・お茶** 練り切りなどの和菓子が、ほうじ茶や煎茶や抹茶などのお茶と一緒に出される。

- スプーンつきの和菓子は、ひとさじずつすくって食べる。
- 皿にのっている黒文字（爪楊枝）などで食べるものは、左側から一口分ずつ切り分けて、刺して食べる。

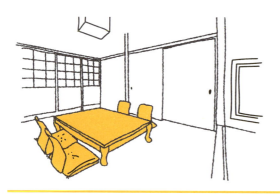

第12章

社会人に求められる「葬儀」の基本

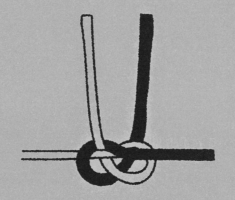

いざというときに困らない弔い事の基本

55 葬儀の基礎知識

> **チェックポイント**
> ① 目的や宗教・宗派によって、形式は多種多様
> ② 「通夜」は、基本的には亡くなった日の夜
> ③ 翌日、「葬儀」と「告別式」が行われる

社会人として、葬儀の知識は不可欠

社会人になると、仕事関係の「葬儀」に参列することもあります。あなたの会社が「社葬」を行うときに、受付や案内係を任されることもあるかもしれません。

若い人は葬儀に出た経験が少ないかもしれませんが、訃報は突然届くものです。

社会人として葬儀に参列する際に、恥ずかしくない立ち居振る舞いができるよう、正しい知識を身につけましょう。

▶「通夜」「葬儀」「告別式」の違い

● **通夜**
葬儀の前夜、親族や近親者が集まり、故人と共に最後の夜を過ごす別れの儀式です。

● **葬儀**
遺族や近親者によって行われる、故人を現世から送り出す儀式。残された人々が読経、念仏の供養をします。

● **告別式**
告別式は、故人に生前関わりの深かった友人や関係者が、最後の別れを告げる儀式。通夜の翌日、葬儀と続けて行われることが一般的です。

▶ 宗教による葬儀スタイルの違い

　宗教・宗派や地方によって、葬儀のしきたりが異なります。葬儀に参列する際には、事前にその地方や地域、土地の様式を確認しておくのがよいでしょう。当日はその習慣に従いましょう。
　日本での葬儀は、大きく「仏式」「神式」「キリスト教式」の3つに分けられます。中でも大半を「仏式」が占めています。

● 仏式

　通夜での席順は、祭壇に向かって右側が遺族や親族、左側が友人、知人となります。親しい人ほど前に座ります。葬儀の席順も同様です。誰かが亡くなると「ご冥福をお祈りします」と言いますが、これは仏式のお悔やみの言葉です。

一般的な通夜の進行
1. 一同着席
2. 僧侶入場
3. 開会の辞
4. 読経
5. 焼香
6. 僧侶退場
7. 喪主の挨拶
8. 閉会の辞
9. 通夜振る舞い（遺族や参列者が一堂に会した食事）

一般的な葬儀の進行
1. 参列者入場
2. 僧侶入場
3. 開会の辞
4. 読経
5. 弔辞・弔電朗読
6. 遺族焼香
7. 閉会の辞

※葬儀の進行は地域や宗派などにより異なります。

一般的な告別式の進行
1. 開会の辞
2. 一般会葬者焼香
3. 僧侶退場
4. 閉会の辞
5. 喪主挨拶・出棺

● **神式**

　神式の場合、仏式の通夜に当たるのが「通夜祭」で、葬儀・告別式に当たるのが「葬場祭」です。

　席順も含めて全体的なマナーは、仏式とほとんど変わりません。

　ただし、神式特有の作法もいくつかあります。たとえば、神式特有のお悔やみの言葉は、「御霊安らかに」と「謹んで御霊のご平安を」などとなります。

　祭式の前、身を清めるために行われる「手水の儀」も、覚えておくといいでしょう。

手水の儀

❶ 右手で柄杓を持ち、水を汲む（水を汲むのは、この一度だけ）。

❷ 汲んだ水を左手にそそぐ。

❸ 次に、左手に柄杓を持ち替えて、右手を清める。

❹ 柄杓を再度、右手に持ちかえ、左手の手のひらに水を受け（入れ）、その水で口をすすぐ。このとき、直接柄杓に口をつけない。また、すすいだ水は飲まずに吐き出す。

❺ 最後に、柄杓に残った水で、柄杓を立てて柄に水をたらして、柄を清める。

● キリスト教式

　キリスト教式と仏式の大きな違いは、遺族や親族と共に一般会葬者も、葬儀の最初から参列することです。教会への入席も、一般会葬者が一番初めとなります。

　席順は、祭壇に向かって右側が遺族席、左側が世話人や友人、知人の席となります。一般会葬者は左側後方に座り、後から入場してくる遺族を見守りつつ、始まりを待ちます。これはカトリック、プロテスタント共通です。

　キリスト教では人の死は悲しみではなく、神の元に召されることと考えられています。このためお悔やみの言葉の代わりに、「安らかなお眠りをお祈り申し上げます」と言うことが一般的です。

カトリック	日本におけるカトリック教会の葬儀は、「通夜及び葬儀ミサ」「告別式」という流れで行われます。通夜では、聖書の朗読や死者のための祈り、献花や遺族代表の挨拶が行われます。 　葬儀は教会にて、「ミサ（イエス・キリストへの感謝を捧げる儀式）」の形式で行われます。聖書の朗読や聖歌、パンと葡萄酒の奉納などが行われ、祈りを捧げます。 　告別式では司祭（神父）による「散水・散香の儀式」や親族代表の挨拶などが行われます。「散水」とは死者を清めるために聖水を棺に注ぐことで、「散香」は棺の周囲に香水を振りまくことです。日本ではこれらの儀式に馴染みがないため、代わりに「献花」が行われることが一般的です。
プロテスタント	プロテスタントの葬儀は、「前夜祭及び葬儀」「告別式」の流れです。 　前夜祭の式典は、基本的には日曜日の礼拝と同じですが、故人の略歴の紹介や遺族の挨拶、献花が追加されます。 　葬儀は、オルガン奏楽、聖書朗読、賛美歌、祈祷（きとう）、弔辞、弔電朗読などが続き、遺族代表の挨拶で終わります。 　続いて告別式となり、会葬者全員が順番に献花を行います。そして、昇天記念日、埋葬式となります。

第12章　社会人に求められる「葬儀」の基本

遺族に配慮しつつ、偲ぶ気持ちを伝える

56 訃報を受けたら

> **チェックポイント**
> ❶ 電話でのお悔やみはかえって迷惑
> ❷ 香典を入れる「不祝儀袋」を用意
> ❸ 出席できないときは、「弔電」か「代理人」を

ほとんどの場合、電話でのお悔やみはNG

　故人とよほど親しい間柄でなければ、電話でのお悔やみは避けます。相手は通夜や告別式の準備に追われている最中だからです。

　どうしても心配なら、仮通夜に駆けつけましょう。とりあえずの訪問なので、服装は派手すぎるものでなければそのままでかまいませんし、香典も不要です。

　仕事上のつき合いであれば、正式な通夜か告別式に伺います。それも難しいときは「弔電」を打つか「代理人」を立てます。

▶訃報を受けたときの対応の仕方

● **取引先の場合**
　通夜と葬儀の詳細を確認してから、上司と関係部署に連絡。誰がいつ参列するのか、香典の額はどうするかなど、会社としての対応を決めます。

● **社員やその家族の場合**
　ごく親しい関係なら、上司の許可を得てから、駆けつけてもよいでしょう。それ以外は社内規定に従いながら対応します。

▶ 香典

香典は新札でなくて構いません。新札を使うと、あらかじめ不幸を予測して用意していたようにも受け取られるからという理由からです。「使った痕跡がわかる程度のお札」がいいでしょう。どうしても新札を入れる場合は、折り目をつけてから入れます。

友人・同僚・上司への香典	5000～1万円
友人・同僚・上司の家族への香典	3000～5000円
取引先関係への香典	5000～1万円

▶ 不祝儀袋

香典を入れる袋を「不祝儀袋」といいます。不祝儀袋は外側から、「上包み」「中包み」に分かれています。

● 上包み

中包みを包み込むための大きめの紙。悲しみの涙で墨が薄くなったことを表すため、文字は薄墨で書くのがマナー。表書きを「御霊前」としておけば、浄土真宗とプロテスタント以外のほとんどの宗教・宗派に問題なく使える。上包みの裏は下から上、上から下の順に折り目をつけて、白黒の水引をかける。

● 中包み

香典を入れる袋。表側には何も書かない。裏側には「香典の金額」「あなたの住所と名前」を書きます。この際も、薄墨で書きます。連名のときは代表者の住所と名前を書く。お札を入れるときは、紙幣の顔が印刷されている側が下、裏側に向くように。

▶上包みの折り方

上包みで中包みを包み込むときは、折る順番が決まっています。基本的には①「右→左」②「左→右」③「下→上」④「上→下」の順番です。裏面は「上側が下向き」になります。

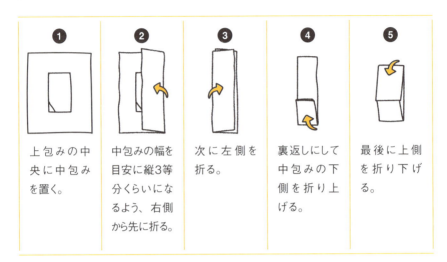

① 上包みの中央に中包みを置く。

② 中包みの幅を目安に縦3等分くらいになるよう、右側から先に折る。

③ 次に左側を折る。

④ 裏返しにして中包みの下側を折り上げる。

⑤ 最後に上側を折り下げる。

●「ふくさ」を使った香典袋の包み方

香典を持参する際は、不祝儀袋を弔事用のふくさか、地味なふろしきで包みます。上包みで中包みを包み込んだときと同じように、「右→左」「下→上」の順番で折っていきます。

お札入れのように袋状になった使いやすい「はさみふくさ」もありますので、社会人になったら準備しておきましょう。特に紫色のふくさは、弔事にも慶事にも使えて便利です。

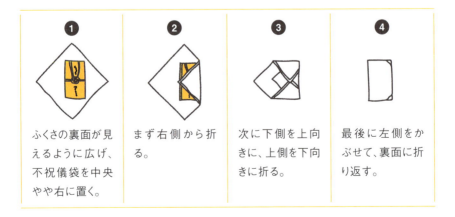

① ふくさの裏面が見えるように広げ、不祝儀袋を中央やや右に置く。

② まず右側から折る。

③ 次に下側を上向きに、上側を下向きに折る。

④ 最後に左側をかぶせて、裏面に折り返す。

▶供花を贈る

　葬儀会場には多くの「供花」が飾られています。これは故人の霊を慰めると同時に、祭壇・斎場を彩る意味もあります。葬儀の参列者が贈ることも、参列できない人が贈ることもあります。
　一般的には、個人で贈るなら「生花」を、会社関係で贈るなら「花環」となります。
　スペースの問題で花環が飾れない場合や、遺族が供花を辞退する場合もあるので、事前に喪家（そうか）や葬儀会場への確認は欠かさないように。故人の遺志や宗教による決まり、祭壇の広さも関係してきますから、上司と相談してから贈りましょう。

● 生花

　死者への弔いに贈る本物の花。主に菊や百合、胡蝶蘭などの白い花が使われますが、故人が若い方だったり、好きな色や花があれば、ピンクなどの淡い色の花を取り入れることもあります。
　通夜当日の午前中に、会場に届くように手配します。

● 花輪

　主に葬儀会場の外に飾られる、花をモチーフとした大きな飾り物。金額も高いため、個人ではなく会社として贈るケースがほとんどです。葬儀の前日までに、会場に届くように手配します。

● 供花の手配

　会社の馴染みの生花店か、当日担当する葬儀社のどちらかに依頼します。生花店に注文する際は、「通夜と葬儀の日時」「会場の住所」「喪主名」「差出人」「予算」をしっかりと伝えること。その際、お店から葬儀会場に確認を入れてもらえば、ほかの花と種類やサイズの統一が図れます。直接葬儀社に依頼をするときは、喪主名と差出人を伝えます。供花代は決まっているケースがほとんどです。ほかの供花と統一を図りながら手配してくれます。

▶代理人による参列

　やむを得ない事情で通夜や葬式に参列できない場合、家族や同僚などに「代理人」をお願いします。代理人となってもらう人は、故人や遺族と面識がなくても大丈夫です。
　あなたが上司の代理人として出席する場合、通夜や葬式の受付で、誰の代理で来たかということを告げます。上司から名刺を預かっていたら、上司の名刺の右上に「弔」と書き、自分の名刺の右上には「代」と書き、渡します。
　香典を渡して記帳をするときは、出席できなかった上司の名前を大きく書くこと。あなたの名前は上司の左下、次の行に少し小さめに、「代　佐藤太郎」といった具合に書きます。

▶弔電を送る

　代理人を立てられないときは、香典を現金書留で郵送するとともに、「弔電」を打ちます。「参列できないなら、せめて電報だけでも」という気持ちの表れです。

● 弔電の手配

　電報のサービスは、多くの会社が行っています。最近はWeb上からも簡単に申し込めるようになりました。よく知られているのは、郵便局の「レタックス」やNTTの「D－MAIL」などがあります。こうした電報サービスを利用して、通夜や葬式の開始時刻までににには届くように手配しましょう。宛先は、現代では葬儀会場に送るのが一般的です。ただし、たとえば親が亡くなった場合には、その友人が喪主でなくても、友人宛に送ってもかまいません。

● 弔電の宛名

　弔電の宛名は一般的には「喪主宛」にします。喪主の名前がわからないときには、故人のフルネームを書き、次のようにします。

○○○○様　ご遺族様
○○○○様　遺族ご一同様

● 弔電の文面

　各電報サービスのサイトには、あらかじめ定型文が用意されています。「ご尊父様のご逝去を悼み、心からお悔やみを申し上げます」などが一般的です。
　あなた自身の言葉で、お悔やみの言葉を伝えてもいいでしょう。ただし、忌み言葉などには気をつけます。生前の故人を偲び、ご冥福を祈る内容にしてください。なお、遺族との会話や弔電では、故人に対して必ず敬称を用います。

父親	ご尊父様／父上様／お父様
母親	ご母堂（ぼどう）様／母上様／お母様
夫	ご夫君（ふくん）様／ご主人様
妻	ご令室（れいしつ）様／奥方様
祖父母	ご祖父様／ご祖母様
息子	ご子息様／ご令息様
娘	ご息女様／ご令嬢様

　また、「冥福」は仏教用語のため、神式やキリスト教式の葬儀の弔電には用いません。故人の宗旨がわからない場合は、「謹んで哀悼の意を表します」「心からお悔やみ申し上げます」などの文面にしましょう。

黒いスーツとネクタイはなるべく手元に

57 葬儀当日の身だしなみ

> **チェックポイント**
> 1. 社会人になったら「喪服一式」は必需品
> 2. 会社にロッカーがあれば、喪服を準備
> 3. アクセサリーや髪形も、目立たないものに

「通夜は地味な普段の服装で」といわれるが…

通夜と葬儀に参列するときは、服装に細心の注意を払います。

かつては通夜に「喪服」で参列するのは、不幸を予測していたようで失礼とされ、地味な平服が推奨されていました。今でもその考えは残っていますが、昔に比べると亡くなってから通夜が行われるまで、時間が空くことも珍しくなくなりました。完全な喪服とまではいかなくとも、黒系統の服装で故人の死を悼む気持ちを表しましょう。

▶ 通夜での故人との対面

通夜を訪れたときは、故人との対面をすすめられる場合があります。このときは「恐れ入ります。では、一目だけ」と言って、故人の枕元に正座をして、故人に一礼をします。遺族が白い布を取って「どうぞ」と言ったら、個人の顔を見つめて深く一礼します（仏式の場合は合掌も）。

対面が終わったら、少し後ろに下がって遺族に一礼し、「安らかなお顔で」などのひと言を伝えます。大声で泣いたり騒いだりしないよう、心に留めておきます。

▶ 弔事における服装

● 通夜の基本的な服装

　ダーク系のスーツに、黒で統一したネクタイ、靴、靴下。ワイシャツは白の無地。女性も地味な色の服装を選び、カジュアルな服装や派手な色やデザイン、肌の露出が大きい服装は避けます。
　ただし、最近の通夜は亡くなった当日に行われることが少なくなったため、通夜に喪服で参列する人がほとんどです。

● 告別式の基本的な服装（男性）

● シャツ

レギュラーカラーの白いワイシャツで、汚れのないものを。

● スーツ

通夜は濃紺かダークグレーのスーツ。喪服でもOK。葬儀・告別式は喪服。合わせは、若いうちはシングルが無難。きれいにプレスされたものを。

● コート

黒でシンプルなデザインのものを。

● ネクタイ

ネクタイは黒無地。光沢のないものを。

● ハンカチ

白無地のものを。

● カバン

黒で光沢のない素材。クロコダイルなど爬虫類系の革製品は避ける。カバンなしで、必要なものをジャケットの内ポケットに入れるだけでもよい。

● 靴と靴下

靴は装飾のない黒一色で、光沢のないもの。靴下は黒で、柄の入っていないものを。

● 告別式の基本的な服装（女性）

● スーツ

基本は黒のフォーマルウエア。スーツ、ワンピース、アンサンブルなどの種類がある。肩や背中が出ていたり、ノースリーブなど、肌の露出が大きい服は避ける。

● ハンカチ

白の無地か黒のフォーマル用を。

● コート

黒の無地で、シンプルなデザインのものを。

● 靴とストッキング

装飾のない黒のパンプス。ストッキングは黒。

● バッグ

小ぶりのバッグと折り畳めるサブバッグがあると便利。サブバッグには履き替え用の靴や香典返しなどを入れる。

● いつでも葬儀に対応できる準備を

「訃報を受けて職場から駆けつけたのに、完璧な喪服で行ったら、かえって不自然と思われてしまうかもしれない……」

そのように心配する方もいらっしゃるかもしれませんが、喪の席に派手なスーツは避けたいものです。突然のことで喪服の準備がないときは、せめてネクタイや靴、靴下、ストッキングを黒にして、お悔やみの気持ちを表わしましょう。そのためにも普段から、会社のロッカーに喪服一式を準備しておくといいでしょう。会社に喪服を置けるスペースがなければ、デスクの引き出しに「光沢のない黒いネクタイ」と「黒無地の靴下」女性は「黒いストッキング」と「黒いカーディガン」と「黒いパンプス」だけでも入れておくとよいでしょう。

第12章 社会人に求められる「葬儀」の基本

249

▶ 弔事での髪形やアクセサリー

● 髪形

　ロングヘアはお焼香やお辞儀の妨げになる可能性があります。スッキリと一つにまとめます。ヘアアクセサリーは光沢のない黒色を。
　カラーリングがあまりに目立つようなら、葬儀に参列するときだけでも、黒スプレーなどで色を抑えたほうがよいでしょう。

● アクセサリー

　女性はパールの一連ネックレスをつけた状態が、正式な弔問スタイルとなります。パール以外では、黒曜石や黒オニキスの一連ネックレスもOK。いずれも二連、三連のものは、「不幸が重なる」の意味につながるためNGです。その他のアクセサリーも、結婚指輪以外は外します。

● 化粧

　「片化粧（かたげしょう）」という言葉があります。
　これは、故人を偲ぶ席にふさわしい薄化粧のことをいいます。喪の席にパール入りの光るタイプや、派手な色使いの化粧品はふさわしくありません。
　口紅もリップクリーム程度に抑えて。マニキュアは無色透明なら問題ありません。香水は控えましょう。男性は無精ひげを剃ります。

● 数珠（じゅず）

　数珠は、葬式や法事、墓参りのときに手にする仏具です。宗派によりさまざまな種類がありますが、市販されている略式のものであれば、どの宗派でも共通して使えます。
　基本的に、利き手とは逆の手で軽く握ります。
　短い数珠の場合、両手の親指と人差し指の間に掛けて、親指で軽く押さえて拝みます。
　長い数珠の場合、利き手と反対の手首に二重にして掛けます。拝むときは、両手の中指に掛けてこすり合わせます。ただし、宗派によってかけ方が異なる場合もありますので、周囲の人にならうのがよいでしょう。

58 葬儀会場での振る舞い

故人が安らかに旅立てるように……

> **チェックポイント**
> ❶ 常に遺族の気持ちを推し量ること
> ❷ 「忌み言葉」や「重ね言葉」に注意
> ❸ 宗教・宗派を知った上で、マナーを守る

受付では必ず「お悔やみの挨拶」を

　葬儀に参列するときは、葬儀開始の１０分前には受付をすませられるように、余裕を持って出かけましょう。

　受付では一礼して、「このたびはご愁傷様でございます」などと、簡潔にお悔やみの言葉を述べます。長々とした挨拶は慎みます。

　その後「芳名帳（ほうめいちょう）」へ住所・氏名を記入し、香典を差し出します。受付のないときは、喪主または遺族に香典を手渡します。

▶葬儀の種類

密葬	一般からの弔問を受けず、近親者だけで執り行われる葬儀のこと。
本葬	告別式を伴う葬儀のこと。葬儀の中でも最も一般的な形式。
自由葬	宗教・宗派などの様式にこだわらない葬儀のこと。
家族葬	生前の本人をよく知る人だけで執り行われる葬儀のこと。
社葬	企業が費用を負担して、運営の責任を持つ葬儀。大規模で準備に時間がかかるため、死亡直後には密葬を行い、１～２ヵ月後に社葬を執り行うことが多い。

第12章　社会人に求められる「葬儀」の基本

▶ 受付での対応

● 挨拶とお悔やみの言葉

受付では挨拶も兼ねて、簡潔にお悔やみを述べます。言葉は短くてかまいません。

> このたびはまことに
> ご愁傷様でした。
> 謹んでお悔やみ申し上げます

> ご逝去の報に接し、幾多のご厚情を思い、誠に痛惜の念でいっぱいです。
> 心からご冥福をお祈りいたします

> ご訃報に接し、心から哀悼の意を表します。
> 安らかにご永眠されますようお祈りいたします

この後に「お手伝いすることがありましたら、何なりとお申しつけください」とつけ加えたり、花や供物（くもつ）を「どうぞお供えください」と添えて渡すと、よりお悔やみの気持ちが伝わります。

●「忌み言葉」を避ける

通夜や葬儀では「忌み言葉」「重ね言葉」「死を生々しく表現する言葉」は使わないこともマナーです。

直接的な「死亡」「死去」といった表現。数字の「四」も不吉とされる。
不幸が重なることを連想させる「重ね重ね」「重なる」「また」「またまた」「再び」「たびたび」「再三」など。
亡くなった方の不幸を思わせる「苦しむ」「迷う」「浮かばれない」など。数字の「九」も不吉とされる。
「いよいよ」「とんだこと」など。
大げさな表現も避ける。

宗教・宗派によって、言葉遣いも異なります。仏式ではよしとされる言葉が、神式やキリスト教式では使用してはいけない言葉もあります。
これらは受付の挨拶はもちろん、弔電や弔事にも当てはまります。葬儀における言葉遣いには、細心の注意を払い、それぞれに使いわけができるようにしましょう。

宗派と無関係の言葉	永眠、他界、ご霊前、御霊
仏式だけで使われる言葉	冥福、往生、成仏、供養
神式だけで使われる言葉	御霊(ごりょう)
キリスト教式だけで使われる言葉	昇天、みもと、神の元に召される

▶故人への弔い

● 仏式葬儀の焼香

仏式の葬儀では「焼香」が行われます。香には「心身を清める」「心を落ち着ける」「仏様のお食事」などの効果があるとされているためです。

一般的な焼香は、次の流れで行われます。

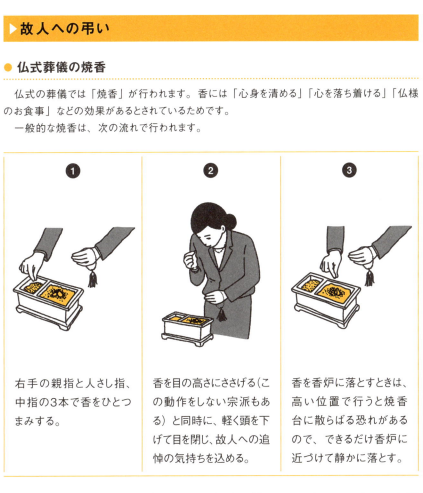

❶ 右手の親指と人さし指、中指の3本で香をひとつまみする。

❷ 香を目の高さにささげる(この動作をしない宗派もある)と同時に、軽く頭を下げて目を閉じ、故人への追悼の気持ちを込める。

❸ 香を香炉に落とすときは、高い位置で行うと焼香台に散らばる恐れがあるので、できるだけ香炉に近づけて静かに落とす。

香を目の高さにささげて頭を下げ、額に当てる行為を「押しいただく」といいます。この回数も宗派によって異なります。この動作を行わない宗派もあります。大事なことは、喪主側の宗派の作法に準じることです。

天台宗	特にこだわらない（行うときには1回または3回）
真言宗	3回
臨済宗	1回
曹洞宗	2回（1回目は額に押しいただき、2回目は押しいただかずに焼香する）
浄土宗	特にこだわらない
浄土真宗本願寺派	1回（額に押しいただかずに）
真宗大谷派	2回（額に押しいただかずに）
日蓮宗	1回または3回
日蓮正宗	3回

● 焼香の種類

　座敷のような椅子を使わない場所では、正座して待ちます。焼香の順が回ってきたら次の人に会釈をしながら、腰を低くして霊前まで進みます。
　遺族に礼をしたら、膝をついたまま拳を使って進む「膝行」で座布団に寄り、座ります。焼香が終わったら「膝退」で後ろへ下がり、腰を低くして席に戻ります。
　焼香は、1人ずつ祭壇で焼香を行う「立ち焼香」ではなく、香炉を回してその場で焼香をする「回し焼香」を行う場合もあります。自分に香炉が回ってきたら、焼香をします。

● 神式葬儀の玉串奉奠

神事における「玉串奉奠」は、弔事以外でも行われます。葬儀では仏式の焼香に近い役割で、参列者が順番に故人を弔います。

❶ 祭壇に向かって進み、遺族に一礼。神官から玉串（榊などの枝に飾りをつけたもの）を受け取る。

❷ 受け取り方は右手は上から玉串の根元をもち、左手は下から枝先を支える。

❸ 玉串案（玉串をのせる台）まで進み、祭壇に向かい一礼。右手にある根元を右に90度回す。左手を根元下から支え持つように持ち替え、右手は枝先を下から支える。

❹ 続いて、根元が祭壇に向くように右回りに180度回転させる。そのまま玉串案の上にお供えする。

❺ 玉串を祭壇に供えたら一歩下がり、「二拝二拍手一拝（2回お辞儀、2回拍手、1回お辞儀）」の作法でお参りする。拍手のときに音は立てない。

❻ さらに一歩下がり、遺族と神官に一礼してから席に戻る。

第12章 社会人に求められる「葬儀」の基本

● キリスト教式葬儀の献花

　献花とは、菊やカーネーションなど茎の長い白い花を供えることです。献花の順番は、牧師または司祭（神父）、喪主、遺族の順で、故人と縁の深かった人から、次のように行います。

❶ 花を差し出されたら、花が右にくるように受け取り、右手は下から手のひらに茎を乗せ、左手は茎の上から軽く添える。

❷ 棺の前に進み、まず祭壇に一礼。

❸ 右回りに花を回して、茎のほうが祭壇に向くようにする。

❹ 献花台に花をささげたら、手を合わせて黙祷、もしくは深く一礼でもよい。※黙祷の仕方……カトリックは十字を切る。プロテスタントは、胸の前で手を組む。信者以外は、ふつうに手を合わせる。

❺ その後、状況に応じて、一歩、または二、三歩下がり、牧師、司祭（神父）、遺族に一礼し、席に戻ります。

▶弔辞

　弔辞とは、告別式のときに故人と親しかった人が、別れを惜しむ言葉を読み上げるスピーチです。弔辞を頼まれた場合、よほどの事情がない限りは引き受けるのが礼儀です。
　仕事関係の葬儀（特に社葬）では、20〜30代の社員が若手を代表して弔辞を読む場合があります。お世話になったことに対する感謝の気持ちや、故人の仕事を継承していく決意を謙虚に表すことが、若手社員としての心配りといえるでしょう。

● 弔辞の書き方

　弔辞は2〜3分で収まる800字程度が一般的です。文面でわからないことがあれば、上司に相談し、最終原稿は確認してもらいましょう。「忌み言葉」や「重ね言葉」、宗教・宗派によって異なる用語の使い方に気をつけましょう。

　全体の構成を「1. 故人への呼びかけ　→　2. 訃報への驚き　→　3. 故人との関係　→　4. 故人の人となり　→　5. 冥福をお祈りする言葉」として考えると、書きやすくなります。

❶	故人への呼びかけ	「謹んで○○さんの霊前に申し上げます」
❷	訃報への驚き	「ただ、かりそめの御病気とばかり思っておりましたのに、このように、突然と他界されようとは、驚きと悲しみにぼう然といたしました」
❸	故人との関係	「○○さんには、入社以来のおつき合いをさせていただき、いつもお世話になっておりました」
❹	故人の人となり	「振り返りますと、在りし日の○○さんは……」
❺	冥福をお祈りする言葉	「○○さん、どうぞ安らかにお眠りください」

　書き終えたら、用紙を上包みで包みます。不祝儀袋の上包みと同じように、「右→左」「左→右」「下→上」「上→下」の順番に折り、表面に「弔辞」と書きます。

● 弔辞の読み方

　弔辞を読むときは、司会者の紹介で祭壇前に進みます。声のトーンを抑えて、故人に語りかけるように読みましょう。

　自然と嗚咽が漏れるのは仕方ありませんが、芝居がかった泣き声を出すのは、かえって失礼に当たります。

❶ 司会者に呼ばれたら、席を立って遺族と僧侶に一礼。祭壇の前に進む。

❷ 遺影に一礼して、上包みから取り出した弔辞を両手で持ち、読み上げる。上包みは左手に、弔辞の下に一緒に持つ。

❸ 読み終えたら、弔辞を畳んで上包みに戻し、一礼して弔辞を所定の位置に置く。持ち帰らないことが原則。事前に所定の置き場所を確認しておくこと。

特別な場なので、不慣れなことも多いはず

59 葬儀で困ったときは

> **チェックポイント**
> ① 「通夜振る舞い」での飲食はほどほどに
> ② 後日、訃報を知ったときは、急いで弔いを
> ③ 運営側に回って、係を任される可能性も

葬儀に動じなくなったら、大人の証し？

　社会人としてキャリアを重ねていけば、自然と葬儀に関わる回数も増えてきます。社内には「葬儀のことなら、あの人に聞けば大丈夫」といった大ベテランもいるでしょう。

　しかし、新人時代はそうはいきません。最初は手探りに近い状態で、いろいろと学んでいくはずです。ほかの参列者の立ち居振る舞いから習いつつも、事前に知識を学んでおくことは大切なことです。厳粛な葬儀で失礼のない社会人になりましょう。

▶ **葬儀が終わったら「清めの塩」を**

　帰宅後は玄関前で、胸元、背中、足の順に塩を振りかけます（地域などにより異なります）。自宅に誰かいるときは、その人に振りかけてもらうとよいでしょう。
　すぐに仕事へと向かわなければならない場合は、式場を出たら塩を足元にまき、その場で踏むようにします。「会葬礼状（葬儀場で配られるお礼状）」に袋入りの塩が添えられていることもあります。近年、死を汚れととらえない傾向にあるため、お清めの塩を置かないケースも多くなりました。塩を使った清めは、神道の考え方からきているため、宗教・宗派によっては行わない場合もあります。

▶ 葬儀で困ったときのトラブル対応策

Q 「通夜振る舞い」って何？　自由に食べていいの？

A 通夜の後の席を「通夜振る舞い」と呼び、故人への供養とともに、お清めや弔問へのお礼のもてなしのために設けられます。

通夜振る舞いの席には、故人とあまり親しくない弔問客は出席しないのが一般的ですが、もしお誘いを受けたらできるだけ応じ、その際は、一口でも箸をつけるようにしましょう。会場では故人と関係のない話は慎み、故人の思い出を中心に語ります。明るく笑ったり、大声を出して騒いだりせず、静かに故人を偲ぶこと。

長居する場所ではないため、30〜40分でお暇するのが一般的です。同席の人と遺族に挨拶をしてから退席しましょう。ご遺族は忙しいので、話し込んだりしないように。ただし、遺族が寂しそうだと感じたときは、もう少し残るなどの心配りも大切です。

Q 亡くなって時間が経ってから、訃報を受けたら？

A 後になって訃報を受けた場合は、すぐに香典を送りましょう。金額は葬儀・告別式に参列する場合と同じ額と考えればいいでしょう。

故人が仏式の葬儀を行っている場合、時期によって不祝儀袋の表書きが変わってきます。四十九日法要を過ぎている場合は「御仏前」として、それ以前では「御霊前」「御香典」などとします（浄土真宗は四十九日前でも御仏前）。

香典と一緒に、自筆の「お悔やみ状」も送ります。

直接お悔やみに伺う場合、先方の都合もありますので、必ず事前に電話などの連絡を入れて弔問するようにしましょう。まだ挨拶回りなどに追われている可能性もあるので、遺族との電話は手短に。弔問当日は「供物」を持参し、お悔やみと参列できなかった理由を丁寧に述べます。供物は、仏式では線香やロウソク、菓子、神式では果物や酒、キリスト教では生花などがよいでしょう。

なお、仏壇への礼拝は、以下の流れで行います。

❶ 正座をして、ご本尊に向かって一礼。

❷ 右手で線香を取り、ロウソクの火をつける。

❸ 線香を左手に持ち替えて、右手であおいで火を消す。

❹ 再び線香を右手に持ち替えて、香炉に立てる。

第12章 社会人に求められる「葬儀」の基本

❺　ご本尊、ご遺影を見て、合掌。

❻　最後にもう一度、ご本尊に一礼。

Q 社葬の係を任されたけれど、どうすればいい？

A

「社葬」は故人の会社への功績や貢献を称えるために、主に会社が主催する葬儀のことです。創業者や会長が亡くなったときなどに執り行うことが多く、会社の業務という位置づけがなされている場合もあります。ただし、会社側が勝手に行うわけにはいきません。遺族の気持ちも尊重しないといけないため、次のような形式があります。

- 遺族と会社が連名で「合同葬」を主催するパターン。運営の仕方や費用は双方の話し合いで決める。
- 遺族による個人葬の後、日を空けて社葬を行うパターン。
- 遺族による個人葬の後、「お別れ会」や「偲ぶ会」を会費制で行うパターン。

社葬は葬儀の一形態ですから、服装もスタンダードな喪服を選びます。一方、「お別れ会」や「偲ぶ会」は、少し華やかになっても許されます。「平服でお越しください」と案内される場合が多いので、喪服は着ません。男性であればダークな色を選びポケットチーフなどで、女性であればコサージュなどで、少し華やかさを加えても問題ありません。社葬を行うことになった場合、社員であるあなたが次のような葬儀係を任される可能性も出てきます。

受付係	香典、記帳、会場案内を担当。弔問客のお悔やみには「本日はお忙しい中をありがとうございます」と言います。弔問客が香典を持参していたら、「お預かりいたします」と受け取る。ただし、香典辞退の場合は「お気持ち、ありがたく存じますが、故人のご遺族の希望により辞退させていただいております」と、ていねいにお断りする。受付が済んだ弔問客には「あちらへどうぞ」と案内する。
会計係	香典をはじめ、葬儀に関する出納を担当。計算機や手持ち金庫をあらかじめ用意する。大規模な葬儀のときは「集計係」と「管理係」などに分かれて、複数名で行うこともある。
案内係	駅や会場付近に立ち、会場までの道案内をしたり、車を駐車場まで先導する。目印として、葬儀社などが用意した喪章やリボンをつける。

第13章

社会人に求められる
「結婚式」「お見舞い」
の基本

60 結婚式の招待状を受け取ったら

「返信用葉書」でマナー力がわかる！

> **チェックポイント**
> 1. 葬儀同様、「忌み言葉」は避ける
> 2. 「返信用葉書」はなるべく早めに送り返す
> 3. 「出席」「欠席」に○をするだけではNG

仕事だけの関係の人に招待されることも

　社会人になると、上司や先輩、同僚など、仕事関係の人たちの結婚披露宴に招待されるようになります。社会人として実績を積んでいけば、取引先など社外の人に招待される機会も出てくるでしょう。慶事のマナーでは、相手を祝福したい気持ちを、最大限に表現することが大切です。形を守ることも大切ですが、その前に心ありきです。相手を祝福する気持ちを忘れずに、失礼のないマナーを身につけましょう。

▶お祝い事における「忌み言葉」

● **離婚を連想**
別れる、切れる、苦しい、壊れる、飽きる、返る、帰す、去る、出る、破れる。

● **不幸を連想**
四（死）、九（苦）、とんでもないこと、とんだこと。

● **再婚を連想**
重ね重ね、たびたび、次々、つくづく、再び、また、続いて、再度、重ねて、追って、追伸、くれぐれも、返す返す、再三。

▶招待状への返信

●「返信用葉書」を送る時期

招待状をもらったら、なるべく早めに返信をしましょう。

差出人は返信用葉書の出欠状況を見て、当日の料理やお土産、引き出物などの数を決めます。返信が遅いと、なかなか準備に入ることが出来ず、予定が立てられなくなるからです。遅くとも、返信期日までには出すようにしましょう。出席する場合であれば、単に「○」で囲むだけではなく、「このたびは大変おめでとうございます」「喜んで出席させていただきます」など、差出人への配慮ある一言を書き添えます。忌み言葉には充分に注意して、祝福の言葉をつづりましょう。

●「返信用葉書」の書き方

出席する場合	記載されている「御」はあなたへの敬語ですから、返信時には不要です。「御出席」の「御」と、「御欠席」のすべての字を二本線で消して、出席に○印をして、「いたします」と書き加えます。 同じ理由から、「御住所」の「御」と、「御芳名」の「御芳」も二本線で消しましょう。	
欠席する場合	出席時とは逆に「御出席」のすべての字と、「御欠席」の「御」を二本線で消して、欠席に○をして、「いたします」と書き加えます。 その下に相手に対するお詫びの言葉と、出席できない理由を簡潔に記しましょう。理由は「仕事の都合で」「所用のため」程度で充分です。「御住所」の「御」と、「御芳名」の「御芳」を消すことも忘れないように。	
表書き	相手の宛名部分の「行」や「宛」の文字を二本線で消して、「様」と書き直します。これは結婚式に限らず、返信用葉書全般に当てはまるマナーです。 住所を書くスペースに郵便番号の欄がなかった場合も、郵便番号は書きましょう。相手は受け取った葉書に書かれた住所を、結婚報告の発送リスト作成時などにも使うはずです。郵便番号が入っていたほうが、管理がしやすくなります。小さなことですが、相手に対する配慮です。	

61 ご祝儀の金額・ご祝儀袋の包み方

あなたはあの人に、いくら包みますか?

> **チェックポイント**
> ❶ 祝電は結婚式の1ヵ月前には予約可能
> ❷ ご祝儀は連名でもOK。相場を確認
> ❸ 連名の場合、「上包み」の書き方に注意

取引先には「連名」で送る場合も

　結婚式が間近に迫ると、不安になってくるのが「ご祝儀」です。「お祝い金はいくらくらい包めばいいのだろうか?」「ほかの人たちはどうするのだろうか?」といった具合に、頭を悩ませてしまいます。

　ご祝儀にも相場がありますので、それを頭に入れておけば、金額の目安はつくでしょう。仕事上でつき合いのある人に、会社の人たちと「連名」で送るケースもあります。

▶招待されていないときは「祝電」を

　取引先の関係者の結婚式では、必ずしも招待を受けるとは限りません。このような場合、上司に確認を取ってから、「祝電」を打こともあります。

　通常は配達の1ヵ月前から予約ができますので、電報サービスのWebサイトなどから、早めに予約しておくといいでしょう。送り先は結婚式場の住所です。宛名は新婦の場合、旧姓のまま送ります。メッセージは定型文を使っても、自分ですべて考えてもOK。「忌み言葉」は使わないように。

▶ お祝い金

● お祝い金の相場

結婚式は慶事ですから、香典とは逆に「新札」を使います。

お祝い金の相場は、あなたと相手との関係で異なってきます。一般的には、以下の数字が目安となります。

家族や親戚に	5万～10万円
経営者から従業員に	3万～5万円
その他	2万～3万円

会社関係者は「その他」に含まれますから、2万～3万円が相場となります。

出席する同僚たちと相談をして、金額を統一しておくとよいでしょう。結婚相手に個人的にお世話になっていて、その気持ちを伝えたい場合は、別途、贈り物で伝えると角が立ちません。相手との関係性によっては、「連名」で1つのご祝儀を送ることもあります。

● 慶事に好まれる数字

日本では昔から、割り切れる偶数は慶事には不適切とされて、お祝い事では奇数が好まれてきました。

しかし、「8」は末広がりでおめでたい数字とされる一方、「苦」をイメージさせる「9」は忌避される数字とされています。偶数だからNGというわけではないのです。かつては敬遠されがちだった「2」も、現代ではカップル、ペアを連想させる数字として、結婚式で使っても差し障りなくなりました。今でも偶数を嫌がる人はいますから、ご祝儀に2万円を包む場合、「一万円札1枚と五千円札2枚」といった入れ方をする方法もあります。お札の枚数を3枚にするわけです。

ただし、「死」が連想される「4」だけは、絶対に避けること。

● ご祝儀袋

お祝い金を入れる袋を「ご祝儀袋」といいます。ご祝儀袋は外側から、「上包み（表包み）」「中包み」に分かれています。

葬儀の際に利用する「不祝儀袋」と同じような構造ですが、不祝儀袋が白黒であるのに対して、ご祝儀袋は赤白です。

また、袋の折り曲げ方の上下左右が逆になります。

● 上包み（表包み）

　香典を包む不祝儀袋の字は、「悲しみの涙で墨が薄くなってしまった」との意味合いで薄墨を使いますが、結婚式のご祝儀袋は濃い墨ではっきりと書きます。
　上包み表面の上段には「寿」や「祝御結婚」と書いて、結婚に対するご祝儀であることが伝わるようにします。上包みの裏面は上から下へ、下から上へと折り、紅白の水引をかけます。
　表面の10本の水引より下に、送り主の名前をフルネームで書きます。連名の場合、2～3名までと4名以上で、書き方のルールが異なります。

2～3名	中央に目上の人の名前を書き、左に続けて次の人の名前を記入する。（★）。ただし、同期入社など上下関係がない場合は、左右均等になるように名前を記入（☆）。
4名以上	下段の真ん中に代表者の名前を書き、その左横下に「外一同」と書く。会社名や部署名を入れる場合、名前の右横に名前より小さめの字で書く。送り主の地位に上下がない場合、会社名や部署名を中央に書き、左横下に「外一同」と書いてもOK。

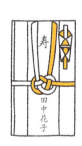  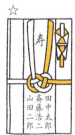 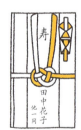

● 中包み

　ご祝儀袋には「中包み」がついており、紙幣を包む役割を果たします。中包みを上包みで包んで、結婚式当日に持参します。中包みにお札を入れるときは、紙幣の顔を上にして、表面側に顔がくる向きで。表面中央には「金〇萬圓也」と、金額を漢数字で書きます。「也」は現代では書かなくてもよいです。裏面の左下には住所と氏名を。欄がなくても、郵便番号まで書くと親切です。4名以上での連名であれば、裏面には代表者の名前を書くか、「株式会社ビギナー商事 営業部有志」といった具合に会社名（部署名）を書きます。左横に下段を揃えるように、「外一同」と書くことを忘れないように。中包みとは別に、全員の名前を書いた紙も入れておきます。

● 上包みの折り方

裏の折り返しの重なりは、不祝儀袋とは逆に、下側が上になります。

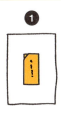
①
上包みの裏を上にして置き、中央に中包みを置く。

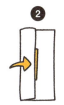
②
中包みの幅を目安に縦3等分くらいになるよう、左側から先に折る。

③
次に右側を折る。

④
裏返して中包みの上側を裏に折り下げる。

⑤
上側の折り返しに下側をかぶせるように折り上げる。

● 「ふくさ」を使ったご祝儀袋の包み方

金封を直接カバンなどに入れて持ち歩くと、角が折れたり汚れたりしますので、必ずふくさに包んで持参します。カバンやポケットから、むきだしのまま直接出すのは失礼です。

①
ふくさの裏面が見えるように広げ、祝儀袋を中央やや左に置く。

②
まず左側を折る。

③
次に上側を下向きに、下側を上向きに折る。

④
最後に右側をかぶせて、裏に折り返す。

第13章 社会人に求められる「結婚式」「お見舞い」の基本

267

目立ちすぎることなく、新郎新婦を引き立てる

62 披露宴の身だしなみ

> **チェックポイント**
> ❶ 身だしなみは「略礼装」が基本
> ❷ 二次会は多少、カジュアルでもOK
> ❸ 女性はメイクと髪形を華やかに

新郎新婦の引き立て役に徹すること

　結婚式でもう１つ、悩みの種となりやすいのが「身だしなみ」です。特に女性の場合、直前まで悩むのではないでしょうか。

　挙式の種類や披露宴の会場によって異なる場合もありますが、基本的に白系統の服装はタブーです。白は新郎新婦の色だからです。

　殺生（せっしょう）をイメージさせる毛皮や革製品も避けましょう。女性の場合、バッグはドレッシーな小さめのものに。足元はストッキング＋パンプスで。

▶二次会での身だしなみ

　披露宴の後の二次会は、新郎新婦の友人の出席が一般的です。親族が一堂に会する披露宴ほど、フォーマルに装う必要はありません。

　男性の場合、披露宴から二次会に移動する際、ネクタイをややカジュアルなものにつけ替えてもいいでしょう。それだけで雰囲気が変わります。

　もちろん、羽目を外しすぎるわけにはいきません。ワンポイントを変える程度にとどめましょう。

▶ お祝い事には「略礼装」で

披露宴などのお祝いの席では、その気持ちを装いで表現します。華やかな装いで出席してもらえば、招いた側は嬉しいものです。心を尽くして相手のために装うと、あなたの気持ちも晴れやかになります。

披露宴や結婚式の招待状に、「平服にてご参加ください」と書かれているときは、「略礼装」で出席します。平服と書かれていなくても、親族や主賓として出席する場合を除けば、略礼装で問題ありません。

●「略礼装」の基本

洋装の場合、男性の略礼装とは黒のスーツのことです。女性は式の時間帯によって変わり、昼は光らない素材を用いた肌の露出が少ないセミアフタヌーンドレス、夜は光沢のある素材で露出の大きいカクテルドレスとなります。アクセサリーも昼間はパールなど光らないものを、夜は光り物を身につけるといいでしょう。

和装の略礼装は「色無地」「訪問着」「付下げ」となります。この中では色無地の格が最も高く、付下げが最も低いので、会場の規模などで選びましょう。格式張った場でなければ、華やかな「小紋」などでもかまいません。

● 男性の略礼装

● スーツ
礼装のブラックスーツ。上着はシングルでもダブルでも可。平服指定の場合は、ダークスーツでもよい。

● シャツ
白のスタンダードタイプか、ウイングカラー（立襟）のシャツ。

● ポケットチーフ
ネクタイと同系色のものを選ぶのが基本。白かシルバーグレーのネクタイのときは、ポケットチーフもそれぞれの色に合わせるとよい。

● ネクタイ
白かシルバーグレーのネクタイが基本。昼間なら少し華やかに、幅広のアスコットタイをウイングカラー（立襟）のシャツと組み合わせてもよい。

● 靴
黒の紐つき革靴が基本。つま先に切り返しのあるものが適当。クロコダイルなどの爬虫類の革はNG。

● 女性の略礼装

● ドレス

招待客の服装は、主役の新郎新婦より控えめに。特に「白」は花嫁の色ですので、招待客が身につけるのは避ける。また、「喪」の色にならないよう、黒一色のドレス、ストッキングもNG。

● 足元

生足にミュールやブーツは、フォーマルな場にはふさわしくない。基本はストッキングにパンプス。もともとミュールは泥よけとして、ブーツは乗馬用に履いていたもの。夜はエナメルなどの華やかなものがいい。

● バッグ

荷物がたくさん入った大きなバッグはクロークに預け、披露宴には小型のバッグを持つ。布製のもので、ビーズ、刺繍などがあしらわれた華やかなものがオススメ。

▶ メイクやヘアスタイル

　女性のメイクは、当日着ていくドレスや会場の明るさに合わせて、普段より少し華やかにします。華やかに着飾ることは、お祝いの気持ちの表れです。ただし、香水は人によって好き嫌いがあるので、つけるときには、ほんのり香る程度にします。ヘアスタイルは美容院のプロにお願いするとよいでしょう。プロの手が入った髪形は、華やかで気持ちよいものです。結婚式がホテルで行われるのであれば、そのホテルの美容室でメイクや着物の着付けをお願いすれば、移動中に崩れる心配もなくて安心です。結婚式は大安などのおめでたい日に重なりやすいので、早めに予約を入れておくとよいでしょう。

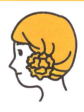

嬉しいことなので、失礼のないように

63 結婚式で困ったときは

> **チェックポイント**
> ① 出席できないときは、郵送でご祝儀を
> ② 遅刻と早退は、確定したらすぐに伝える
> ③ 受付係を頼まれたら、主催者側の意識で

結婚式や披露宴で大切なのは、お祝いの気持ち

　結婚式や披露宴も初めて出席するときは、わからないことや不安なことばかりかもしれません。特に式はしきたりに沿って厳かに行われるだけに、なおさら「失礼なことがあってはいけない」と、緊張することでしょう。

　相手をお祝いする気持ちで、周囲の人の指示に従えば問題ありません。変に恐縮するよりも、人生の晴れ舞台を心から祝福する気持ちと行動が大切です。

▶披露宴会場でのスピーチ

　新郎新婦から「スピーチ」を頼まれることもあります。あなたが新郎新婦から信頼されている証拠ですから、できる限り引き受けましょう。

　スピーチの時間は3分程度が一般的です。挨拶を交えた簡潔な自己紹介から始めて、新郎や新婦の人柄やエピソードに移ります。

　同期や部下へのお祝いのスピーチでは、「仕事のできる人物像」や「同僚たちへの気配りのできる人柄」などを盛り込むと親族も喜ばれるでしょう。

▶結婚式のマナーのQ&A

Q 披露宴に出られないけれど、ご祝儀は渡したい。どうすれば？

A 　事情があって出席できないときや、披露宴に招かれていない場合、ご祝儀を郵送します。小さめのご祝儀袋を用意して、手渡しするときと同様に表書きをして、現金書留で送ります。お祝いのメッセージや手書きの手紙も同封します。お金だけでなく、あなたの気持ちも相手に伝えることが大切です。

Q 遅刻や早退をするとわかっているときは？

A 　前もってスケジュールがわかっている場合、事前に新郎新婦側にも伝えておきます。失礼を詫びるとともに、出入り口に近い席を用意してもらうようにお願いすれば、出入りで進行を妨げないで済みます。当日も到着したときは、勝手にドアを開けて中に入らず、会場の係員の誘導に従うこと。
　挙式にも招待されていて、遅れる可能性が高い場合、披露宴からの出席にしてもらうとよいでしょう。これなら出入りの不安もなくなります。
　当日になって遅刻しそうになった場合、忙しい新郎新婦ではなく、会場に連絡を入れます。遅刻の理由は「やむを得ない事情で」と婉曲に伝えます。
　式場に到着したら、係の人に遅刻した旨を伝えましょう。宴の進行状況を見計らって、中に案内してもらいます。周囲の人へ黙礼して、目立たないように着席します。

Q 面識のない人と同席になったら、何を話せばいいの？

A 　人との出逢いや縁は、さまざまなところにあるものです。特に結婚式は、新しい縁ができやすい場所かもしれません。
　面識のない人とテーブルで同席したときは、表情で相手に不快感を与えないこと。心を開いて、まずはあなたから挨拶をしましょう。
　その日の会場や料理をきっかけに会話を切り出して、共通の話題を探っていきましょう。特に「新郎新婦との関係」をたずねると、話が広がりやすいです。式の出席者は全員、新郎か新婦とご縁があるのですから。

Q 披露宴の受付係を頼まれてしまったら、何をすればいい?

A

受付係は披露宴の来賓を出迎える大切な役割。主催者側の一員として、笑顔と品のよい態度を心がけましょう。

事前に招待客の名簿を受け取り、スピーチや余興をお願いしている出席者の名前を頭に入れておきます。遅刻や早退が決まっているなど、取り次ぐ必要のある方がいないかも確かめておきましょう。

会場内にあるトイレやクローク、控え室や更衣室などの場所も、事前に確認して記憶しておきます。受付でたずねられることが多いからです。

式の当日は、主催者の指示に従い、会場に早めに出向きます。会場に着いたら、新郎新婦の両親や親族にも挨拶をします。

> このたびはおめでとうございます。本日受付をさせていただきますタナカです。精いっぱい務めさせていただきますので、どうぞよろしくお願い申し上げます

挨拶が終わったら、受付に出向いて、必要なものが揃っているか確認します。

招待客が到着したら、必ず立ち上がり一礼をします。祝福の言葉を受けたら、丁寧に御礼を伝えましょう。

> 本日はお忙しい中、ありがとうございます

ご祝儀袋が差し出されたら、「ありがとうございます」と両手でいただき、受盆に丁寧に置きます。その後、芳名帳への記帳をお願いします。

> 恐れ入りますが、ご署名をいただけますか

記帳が済んだら、再度お礼を述べます。氏名を確認して、披露宴の席札をお渡しし、控え室へご案内します。

ご祝儀を狙った盗難事件などもありますから、必ず誰かが受付に残るようにしましょう。開宴時間になったら、お祝い金と芳名帳を専用の袋に入れて、会計係に渡します。

第13章 社会人に求められる「結婚式」「お見舞い」の基本

273

64 病気やケガ、災害時のお見舞いのマナー

弱っているからこそ、気配りは不可欠

> **チェックポイント**
> ❶ 相手の容体を考えて、負担にならない時期に
> ❷ 病気見舞いに「花」を贈るときは注意が必要
> ❸ 災害時の支援は、相手が落ち着いてから

相手に望まれるから、お見舞いの意味がある

　お見舞いが必要な状況は、大きく「病気やケガ」と「災害」とに分けられます。どちらも相手の病状や精神状態などを考慮して、負担にならないタイミングを選びましょう。本人や家族に様子をうかがい本人が見舞いに来てほしいと願っている場合に限り、お見舞いにうかがうようにします。

　弱っている姿を、周囲に見られたくない人もいます。会いたがっていない相手に、強引に会いにいくのは、もはやお見舞いとはいえないのです。

▶「陣中見舞い」も見舞いの一種

　お見舞いにはもう1つ「陣中見舞い」があります。大きな仕事を抱えて慌ただしいオフィスや、たくさんの人が集まる発表会のスタッフルーム、公演中の舞台の楽屋などを、関係者を元気づけるために訪れることです。

　「お見舞い」とついているものの、実際には「激励」といっていいでしょう。お見舞い金を渡すときも、紅白の蝶結びのついたご祝儀袋を使います。ほかのお見舞いとは、明らかに性質が異なります。

▶お見舞いの基本

● 病気やケガのお見舞いでの注意点

仕事、病気の話は軽く	まったく触れないのは不自然なので、無難な範囲で。「あなたがいなくてみんな寂しがってる」といった程度に。
明るく元気づけて	暗い話は避ける。ただし、お見舞い時の服装は原色を避けて派手にしない。
少人数で	大人数で押しかけるのは迷惑。職場などを代表して1～2名、多くても5名程度で行くようにする。
ほかの入院患者への気配りを	同室の人の静養の邪魔をしないこと。退室するときは「失礼します」の一言を伝える。

● 災害時のお見舞いでの注意点

本人に直接、安否の確認はしない	災害時は電話やメールがつながりにくくなっている。そこに連絡が殺到すると、相手の負担が増すだけ。安全確認は、第三者を介して行うほうが望ましい。
支援やお見舞いは、相手が必要としているものを	現金が必要なのか、薬や生活用品が必要なのかなどは、災害状況によって大きく変わってくる。相手が今すぐに必要としているものだけを、確実に届く方法で送るように。
いきなり現地へ行かない	災害地には、非災害地から赴く人を受け入れる態勢が整っていないことのほうが多い。いきなり現地入りしたりせず、落ち着くまでは状況把握に努める。

▶ お見舞い金とお見舞い品

● 病気やケガのお見舞い金とお見舞い品

　病気やケガのときは、「花瓶のいらないアレンジメントフラワー」「現金」「商品券」などが、受け入れられやすいお見舞い品です。

　一方、「鉢植え」は、「根づく＝寝つく」と言われているため、避けたほうがよいとされています。ほかに「葬儀を連想させる菊」「血を連想させる深紅の花」「色があせる紫陽花」「死と苦に通じるシクラメン」「花が首から落ちる椿」なども、縁起が悪いとされています。

　臭いや花粉で不快な思いをさせないために、「香りの強い花」「花粉の多い花」「散りやすい花」も控えます。

　相手が目上の人の場合、本来であれば現金を贈るのは失礼に当たります。しかし、入院中は何かと入り用なので、相手によっては現金を包んでも喜ばれます。「何がよいかと迷いましたが、お見舞いの品の代わりに」といった言葉や手紙を添えてお渡しすると、相手も受け取りやすく、角も立ちません。

　ただし、お見舞い金に「4（死）」や「9（苦）」の数字は避けます。金額はもちろん、紙幣の枚数がこれらの数字にならないよう配慮も必要です。

親へのお見舞い金	1万〜5万円程度
子どもへのお見舞い金	1万〜5万円程度
兄弟姉妹や親戚へのお見舞い金	5000〜1万円程度
友人や知人へのお見舞い金	3000〜5000円程度
会社関係の人へのお見舞い金	3000〜1万円程度

　お見舞い金は「白い封筒」か、左に縦赤線が入った「お見舞袋」に入れて渡します。外袋には毛筆か筆ペンで「御見舞」と書きましょう。新札かそうでないかは、気にしなくて大丈夫ですが、新札のほうがわざわざ用意をしてくれたその気持ちが相手に伝わり、よい印象を与えます。

● 災害時のお見舞い金とお見舞い品

　地震や火事といった災害時のお見舞いの場合、その日の生活にも窮している可能性があるので、「現金」や「日用品」、「医薬品」を優先的に贈ります。時期もできるだけ早いほうがいいでしょう。

親へのお見舞い金	3万～10万円程度
子どもへのお見舞い金	3万～10万円程度
兄弟姉妹や親戚へのお見舞い金	1万～5万円程度
友人や知人へのお見舞い金	1万～3万円程度
会社関係の人へのお見舞い金	1万～5万円程度

　病気やケガの場合と同様、お見舞い金は「白い封筒」か、左に縦赤線が入った「お見舞袋」に入れます。外袋に毛筆か筆ペンで「御見舞い」と書きます。新札かそうでないかも気にすることはありません。

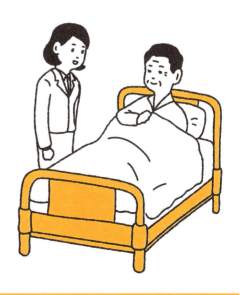

第13章　社会人に求められる「結婚式」「お見舞い」の基本

著者プロフィール

金森たかこ

マナー講師・話し方マナーコミュニケーション講師。一般社団法人マナー教育推進協会 代表理事副会長。ウイズ株式会社 認定マナー講師。office T 代表。

大阪府出身、京都市在住。大手食品メーカー人事部にて人材育成・秘書業務などに携わった後、フリーアナウンサーとして独立。ニュース・情報番組をはじめ、テレビ・ラジオを中心にインタビュアー・司会・ナレーションなど、関西を拠点に声と話し方、コミュニケーションの仕事に携わる。その後、マナーコンサルタント西出ひろ子氏に師事し、ビジネスマナー講師として、企業、行政機関、教育機関、病院・歯科医院などの医療機関にて、講演・研修・コンサルティングを行う。アナウンサーとして培った、話し方やボイストレーニングを取り入れた、コミュニケーション能力向上を軸とした独自の講義スタイルに定評がある。2015 年、業界初の「マナーリトミック®」認定講師として、マナーリトミックを用いた画期的な研修を企業や高齢者に向けて展開し、好評を得ている。

ドラマのマナー指導や、テレビ番組、雑誌などのメディアでも活躍中。2016 年 皇太子殿下ご臨席の「第 40 回全国育樹祭」にてマナーある司会を担当し、2017 年 京都府知事より感謝状を贈呈された。リクナビや DODA などにて、就職面接対策動画監修やビジネスマナー、冠婚葬祭マナー、日常のマナーなどの連載・執筆・監修多数。

◆企業研修・コンサルティング　　http://www.withltd.com
◆大人のマナースクール　　http://www.fastmanner.com

監修者プロフィール

西出ひろ子

マナーコンサルタント・美道家。ヒロコマナーグループ 代表。ウイズ株式会社 代表取締役会長。HIROKO ROSE 株式会社 代表取締役社長。一般社団法人マナー教育推進協会代表理事。

大分県出身。大妻女子大学卒業後、国会議員・政治経済ジャーナリストの秘書等を経てマナー講師として独立。31 歳でマナーの本場・英国へ単身渡英。英国にてビジネスパートナーと起業し、相互をプラスに導くヒロコ流マナー論を確立させる。帰国後、300 社以上の企業で、10 万人以上に対し、マナー研修やおもてなし、営業接客マナー研修、マナーコンサルティングなどを行い、他に類をみない唯一無二の指導と賞賛される。クライアントの収益増と人財の育成を実現し続けているその実績は、テレビや新聞、雑誌などにてマナー界のカリスマとして多数紹介。「マナーの賢人」として「ソロモン流」（テレビ東京）などのドキュメンタリー番組でも報道された。

NHK 大河ドラマ「花燃ゆ」「龍馬伝」、映画「るろうに剣心 伝説の最期編」など、ドラマや映画、書籍等でのマナー指導・監修者としても活躍中。著書に、28 万部突破の『お仕事のマナーとコツ』（学研プラス）、『マンガでわかる! 社会人1年生のビジネスマナー』（ダイヤモンド社）など国内外で 70 冊以上がある。

◆ヒロコマナーグループ　　http://www.hirokomanner-group.com

イラストでまるわかり！
入社1年目
ビジネスマナーの教科書

2017年4月5日　第1刷発行
2021年1月30日　第18刷発行

著　者　　金森たかこ

発行者　　長坂嘉昭
発行所　　株式会社プレジデント社
　　　　　〒102-8641　東京都千代田区平河町2-16-1
　　　　　https://www.president.co.jp/
　　　　　電話：編集（03）3237-3732
　　　　　　　　販売（03）3237-3731

監　修　　西出ひろ子

構　成　　糸井　浩
装　幀　　仲光寛城
編　集　　岡本秀一
制　作　　関　結香
販　売　　桂木栄一、高橋　徹、川井田美景、森田　巌、
　　　　　末吉秀樹
印刷・製本　凸版印刷株式会社

©2017 Takako Kanamori
ISBN 978-4-8334-2229-1
Printed in Japan
落丁・乱丁本はおとりかえいたします。

\ 今日から使える! /
ビジネス入門書の新定番
シリーズ続編も好評発売中

イラスト解説わかりやすさ No.1

『入社1年目
人前であがらずに
話す教科書』
ISBN 978-4-8334-2267-3
定価1200円(＋税)

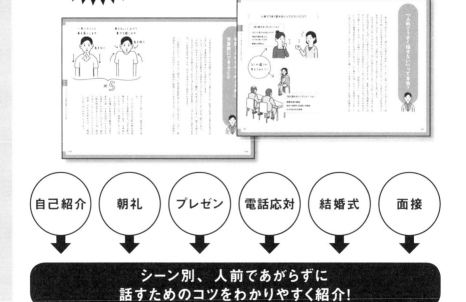

自己紹介 → 朝礼 → プレゼン → 電話応対 → 結婚式 → 面接

シーン別、人前であがらずに
話すためのコツをわかりやすく紹介!